Remerciements :

À mes chers lecteurs,

Je tiens à exprimer ma sincère gratitude à tous ceux qui ont contribué à la réalisation de ce livre, "Le Guide ultime des plantes d'intérieur rares et exotiques". Votre soutien et votre encouragement ont rendu cette aventure possible.

Tout d'abord, je tiens à remercier mon ami proche Adil, sans qui ce livre n'aurait jamais vu le jour. Son soutien indéfectible, ses conseils avisés et ses encouragements constants ont été une source d'inspiration tout au long du processus d'écriture et de publication. Adil, merci du fond du cœur pour ta présence et ton amitié.

Je tiens également à remercier ma famille et mes amis pour leur soutien inconditionnel et leur compréhension pendant les longues heures passées à travailler sur ce projet. Votre amour et votre soutien m'ont donné la force de poursuivre ma passion et de partager mes connaissances avec les autres.

Enfin, je tiens à exprimer ma gratitude à tous les lecteurs qui ont choisi d'explorer le monde fascinant des plantes d'intérieur rares et exotiques avec moi. J'espère que ce livre vous apportera autant de plaisir et de satisfaction que j'en ai eu à l'écrire.

Merci de m'avoir accompagné dans cette aventure. Puissions-nous tous continuer à cultiver notre amour pour les plantes d'intérieur rares et exotiques et à enrichir nos connaissances dans ce domaine. J'espère que ce livre vous inspirera à explorer davantage le monde merveilleux de ces plantes uniques et à créer des espaces de vie enchanteurs et accueillants.

Je suis reconnaissant pour cette opportunité de partager mes expériences et mes découvertes avec vous, et j'ai hâte de voir comment vous intégrerez ces précieuses plantes dans votre propre vie.

Bonne lecture et bon jardinage !

Sincèrement,

Préface

Lorsque j'ai commencé à m'intéresser aux plantes d'intérieur, j'étais loin de m'imaginer à quel point elles allaient transformer ma vie. Ce qui a commencé comme une simple curiosité s'est rapidement transformé en une passion dévorante pour les plantes rares et exotiques. Au fil du temps, j'ai découvert que ces plantes uniques offrent bien plus qu'une simple beauté esthétique. Elles ont le pouvoir de transformer nos espaces de vie, d'améliorer notre bien-être et de nous connecter à la nature d'une manière profonde et significative.

Dans "Le Guide ultime des plantes d'intérieur rares et exotiques", je souhaite partager avec vous les connaissances et les expériences que j'ai acquises au fil des années, dans l'espoir d'inspirer une nouvelle génération de jardiniers d'intérieur et d'amoureux des plantes. Ce livre est conçu pour être une ressource complète pour ceux qui souhaitent en apprendre davantage sur ces plantes fascinantes et pour ceux qui sont déjà tombés sous leur charme.

Dans les pages qui suivent, vous découvrirez une variété de plantes rares et exotiques, ainsi que des conseils et des techniques pour les cultiver, les entretenir et les mettre en valeur. Que vous soyez un jardinier débutant ou un collectionneur chevronné, ce livre vous offrira des informations précieuses et des conseils pratiques pour réussir dans le monde des plantes d'intérieur rares et exotiques.

Le but ultime de ce livre est de vous inspirer et de vous encourager à explorer le monde des plantes d'intérieur rares et exotiques, et de vous aider à les intégrer dans votre vie quotidienne. J'espère que, comme moi, vous découvrirez les innombrables bénéfices et la joie que ces plantes peuvent apporter à votre vie.

Alors, ouvrez votre esprit, plongez dans cet univers fascinant et laissez-vous emporter par la beauté et la diversité des plantes d'intérieur rares et exotiques. Je vous souhaite une aventure enrichissante et inoubliable !

Bonne lecture et bon jardinage

Table des matières :

Introduction, p:8

2   Les types de plantes rares et exotiques, p:17

3   Conseils pour choisir les bonnes plantes, p:80

4 Cultiver des plantes d'intérieur rares et exotiques, p:90

5 Entretien et soins des plantes d'intérieur rares et exotiques, p:101

6 Création d'un environnement idéal, p:118

7 Astuces pour encourager la floraison, p:122

8 Trouver et acheter des plantes rares, p:124

9 Présentation et décoration, p:125

Les plantes d'intérieur rares et exotiques offrent une expérience de jardinage unique et passionnante pour les amateurs de plantes. Cultiver ces trésors botaniques peut apporter une touche d'originalité à votre espace de vie, élargir vos connaissances horticoles et créer des liens avec d'autres passionnés de plantes ayant des intérêts similaires. Dans cette introduction, nous explorons les avantages de cultiver des plantes d'intérieur rares et exotiques.

1.1 Les avantages de cultiver des plantes d'intérieur rares et exotiques.

1.1.1 Esthétique et originalité

Les plantes d'intérieur rares et exotiques ajoutent une touche d'esthétique unique à votre maison. Leurs formes, couleurs et textures inhabituelles attirent l'attention et peuvent servir de véritables points focaux dans votre décoration intérieure. En choisissant des espèces moins courantes, vous pouvez créer un espace de vie unique et personnalisé qui reflète votre personnalité et vos goûts.

1.1.2 Purification de l'air

Certaines plantes rares et exotiques ont la capacité d'améliorer la qualité de l'air intérieur. Elles peuvent absorber les polluants et les COV (composés organiques volatils), libérant de l'oxygène frais dans votre maison. Cette purification de l'air peut aider à réduire les symptômes d'allergies et améliorer la qualité du sommeil, en plus de contribuer à un environnement sain pour vous et votre famille.

1.1.3 Bien-être mental et émotionnel

Prendre soin de plantes d'intérieur rares et exotiques peut être une activité thérapeutique et relaxante. Le jardinage intérieur aide à réduire le stress, à stimuler la créativité et à améliorer l'humeur. De plus, cultiver des plantes rares et exotiques peut être une source de fierté et d'accomplissement, car vous réussissez à faire pousser et à entretenir des espèces moins communes.

1.1.4 Apprentissage et découverte

Cultiver des plantes d'intérieur rares et exotiques vous permet d'apprendre constamment de nouvelles choses sur le monde des plantes. Chaque espèce a ses propres caractéristiques, exigences et histoire, ce qui en fait une occasion d'élargir vos connaissances horticoles. De plus, vous pourrez découvrir des plantes originaires de différentes régions du monde, vous offrant un aperçu de la diversité et de la beauté de la nature.

1.1.5 Communauté et partage

En vous aventurant dans le monde des plantes rares et exotiques, vous aurez l'occasion de rencontrer d'autres passionnés de plantes qui partagent vos intérêts. Vous pourrez échanger des conseils, partager des expériences et même échanger des boutures ou des plantes avec des personnes partageant les mêmes idées. Cela peut créer un sentiment d'appartenance à une communauté et vous aider à développer de nouvelles amitiés et relations avec d'autres amoureux des plantes.

1.1.6 Valorisation et investissement

Certaines plantes d'intérieur rares et exotiques peuvent être considérées comme des investissements en raison de leur rareté et de leur valeur sur le marché. En prenant soin de ces plantes et en les cultivant avec succès, vous pouvez augmenter leur valeur au fil du temps. Bien que la plupart des amateurs de plantes les cultivent pour leur beauté et leur plaisir, il est intéressant de noter que certaines plantes rares peuvent également être un investissement financier potentiel.

1.1.7 Conservation et protection des espèces

En cultivant des plantes rares et exotiques, vous contribuez également à la préservation de la diversité biologique et à la protection des espèces menacées. Certaines plantes peuvent être en voie de disparition dans leur habitat naturel en raison de la déforestation, du changement climatique ou d'autres facteurs. En cultivant ces plantes chez vous, vous aidez à préserver ces espèces et à sensibiliser le public à leur situation.

En conclusion, cultiver des plantes d'intérieur rares et exotiques présente de nombreux avantages, allant de l'amélioration de l'esthétique de votre espace de vie à la contribution à la conservation des espèces en danger. En vous lançant dans cette aventure botanique, vous découvrirez un monde fascinant et enrichissant qui vous permettra d'apprendre, de grandir et de créer des liens avec d'autres passionnés de plantes. Dans les sections suivantes de ce guide, nous explorerons en profondeur les différents types de plantes rares et exotiques, ainsi que les conseils et techniques pour les cultiver et les entretenir avec succès.

1.2 La popularité croissante des plantes d'intérieur rares et exotiques

Au cours des dernières années, les plantes d'intérieur rares et exotiques ont gagné en popularité auprès des amateurs de plantes et du grand public. Cette tendance croissante peut être attribuée à plusieurs facteurs, notamment la sensibilisation à la diversité botanique, l'attrait esthétique et les avantages pour la santé et le bien-être. Dans cette section, nous explorerons les raisons de la popularité croissante de ces plantes uniques et les implications de cette tendance pour les collectionneurs et les cultivateurs.

1.2.1 Influence des médias sociaux et des influenceurs

L'un des principaux moteurs de la popularité croissante des plantes d'intérieur rares et exotiques est l'influence des médias sociaux et des influenceurs. Les plateformes comme Instagram, Pinterest et TikTok sont remplies de photos et de vidéos présentant des plantes rares et exotiques dans des décors intérieurs attrayants. Les influenceurs spécialisés dans les plantes partagent également des conseils de soins, des découvertes botaniques et des astuces pour le jardinage intérieur, attirant un public grandissant intéressé par ces plantes.

1.2.2 Désir de personnalisation et d'expression individuelle

Un autre facteur qui contribue à la popularité croissante des plantes rares et exotiques est le désir de personnalisation et d'expression individuelle. Les personnes cherchent de plus en plus à créer des espaces de vie uniques qui reflètent leur personnalité et leurs goûts. Les plantes rares et exotiques offrent une manière d'exprimer cette individualité, en ajoutant une touche d'originalité et de distinction à la décoration intérieure.

1.2.3 Conscience environnementale et intérêt pour la durabilité

La prise de conscience environnementale et l'intérêt croissant pour la durabilité jouent également un rôle dans la popularité des plantes rares et exotiques. Les gens sont de plus en plus conscients des problèmes environnementaux, tels que la perte de biodiversité et le changement climatique. Cultiver des plantes rares et exotiques peut être perçu comme un moyen de contribuer à la préservation de la diversité botanique et d'adopter un mode de vie plus durable.

1.2.4 Recherche de bien-être et d'épanouissement personnel

La recherche de bien-être et d'épanouissement personnel est un autre facteur qui contribue à l'intérêt croissant pour les plantes rares et exotiques. Comme mentionné précédemment, prendre soin de ces plantes peut avoir des effets bénéfiques sur la santé mentale et émotionnelle. Le jardinage intérieur peut être une activité relaxante et thérapeutique qui permet de se déconnecter du stress quotidien et de se concentrer sur quelque chose de gratifiant et d'épanouissant.

1.2.5 Tendance à la réduction des espaces de vie

De nombreuses personnes vivent désormais dans des appartements et des espaces de vie plus petits, en particulier dans les zones urbaines. La réduction des espaces extérieurs disponibles pour le jardinage a conduit à un intérêt accru pour le jardinage intérieur. Les plantes d'intérieur rares et exotiques offrent une manière d'apporter la nature à l'intérieur et de créer un environnement apaisant et esthétique dans un espace restreint.

1.2.6 Économie des plantes et opportunités d'investissement

La demande croissante pour les plantes d'intérieur rares et exotiques a également stimulé l'économie des plantes. Les collectionneurs et les cultivateurs peuvent voir ces plantes comme des investissements potentiels, car leur rareté et leur popularité peuvent augmenter leur valeur au fil du temps. Cela a conduit à un marché en pleine expansion pour l'achat, la vente et l'échange de plantes rares et exotiques, ainsi qu'à la croissance de pépinières en ligne et de marchés aux plantes spécialisés dans ces espèces.

1.2.7 Implications pour les collectionneurs et les cultivateurs

La popularité croissante des plantes d'intérieur rares et exotiques a des implications positives et négatives pour les collectionneurs et les cultivateurs. D'un côté, la demande accrue pour ces plantes a conduit à une plus grande disponibilité d'espèces rares et exotiques et à une augmentation des ressources et des connaissances sur la manière de les cultiver et de les entretenir. Cela peut faciliter l'accès à ces plantes et encourager les personnes à se lancer dans le jardinage intérieur.

D'un autre côté, la popularité croissante de ces plantes peut également entraîner une surexploitation des espèces sauvages et des pressions sur les habitats naturels. Certains collectionneurs sont prêts à payer des prix élevés pour des plantes rares et exotiques, ce qui peut encourager le prélèvement illégal de plantes dans la nature. Pour atténuer ces problèmes, il est important de promouvoir des pratiques de commerce éthiques et responsables, telles que l'achat de plantes auprès de pépinières certifiées et la propagation des plantes à partir de boutures ou de graines plutôt que de les prélever dans la nature.

En conclusion, la popularité croissante des plantes d'intérieur rares et exotiques est due à divers facteurs, tels que l'influence des médias sociaux, le désir d'expression individuelle, la prise de conscience environnementale et la recherche de bien-être. Cette tendance offre de nombreuses opportunités et défis pour les collectionneurs et les cultivateurs, qui doivent naviguer dans un marché en pleine expansion tout en veillant à la conservation et à la protection des espèces et de leurs habitats naturels. En adoptant des pratiques responsables et durables, les amateurs de plantes peuvent profiter de la beauté et des avantages des plantes d'intérieur rares et exotiques tout en contribuant à la préservation de la diversité botanique.

2 Les types de plantes rares et exotiques

Dans cette section, nous explorerons les différents types de plantes d'intérieur rares et exotiques qui sont de plus en plus populaires parmi les collectionneurs et les jardiniers. Nous commencerons par les Alocasias, qui sont des plantes tropicales spectaculaires avec des feuilles en forme de flèche.

2.1 Alocasia:

Les Alocasias sont des plantes d'intérieur exotiques et impressionnantes originaires d'Asie du Sud-Est. Elles font partie de la famille des Araceae et sont également connues sous le nom d'oreilles d'éléphant en raison de la grande taille et de la forme distincte de leurs feuilles. Il existe plus de 80 espèces d'Alocasia, chacune ayant ses propres caractéristiques et exigences de soins. Les Alocasias sont appréciées pour leur aspect architectural et leurs feuilles décoratives qui peuvent varier en couleur, en taille et en texture. Nous allons maintenant explorer quelques-unes des espèces d'Alocasia les plus populaires et leurs besoins en matière de soins.

2.1.1 Alocasia Amazonica (Alocasia x amazonica)

L'Alocasia Amazonica est un hybride populaire avec des feuilles vert foncé et argentées marquées de nervures blanches et vert clair. Les feuilles ont une forme en flèche et peuvent atteindre jusqu'à 45 centimètres de longueur. L'Alocasia Amazonica préfère un emplacement lumineux, mais pas en plein soleil. Elle nécessite un arrosage régulier pour maintenir le sol uniformément humide, mais il est important de ne pas trop arroser pour éviter la pourriture des racines. Cette plante bénéficie d'une humidité élevée et apprécie d'être brumisée ou placée sur un plateau d'eau.

2.1.2 Alocasia Zebrina

L'Alocasia Zebrina est une autre espèce populaire qui tire son nom des motifs en forme de zèbre sur ses pétioles. Les feuilles sont en forme de flèche et vert foncé, avec une texture légèrement ondulée. Cette plante a des besoins similaires à l'Alocasia Amazonica en termes de lumière et d'arrosage. Elle prospère également dans un environnement humide et peut bénéficier d'une brumisation régulière ou d'un plateau d'eau.

2.1.3 Alocasia Black Velvet

L'Alocasia Black Velvet est une variété plus petite et compacte avec des feuilles veloutées d'un vert presque noir et des nervures argentées. Cette plante d'intérieur est idéale pour les petits espaces ou pour ajouter une touche de texture et de couleur à votre collection de plantes. Comme les autres Alocasias, l'Alocasia Black Velvet préfère un emplacement lumineux mais pas en plein soleil, un arrosage régulier et une humidité élevée.

2.1.4 Alocasia Cuprea

L'Alocasia Cuprea est une espèce unique avec des feuilles rigides et cuivrées qui présentent une texture presque métallique. Les feuilles sont en forme de coeur et peuvent varier en couleur du vert au bronze. Cette plante est particulièrement prisée pour son aspect inhabituel et esthétique. L'Alocasia Cuprea a des besoins similaires aux autres espèces d'Alocasia en termes de lumière, d'arrosage et d'humidité.

2.1.5 Alocasia Frydek (Alocasia micholitziana 'Frydek')

L'Alocasia Frydek, également connue sous le nom d'Alocasia Green Velvet, est une espèce attrayante avec des feuilles vert foncé et veloutées, marquées de nervures blanches et vert clair. Les feuilles sont en forme de flèche et peuvent atteindre jusqu'à 30 centimètres de longueur. L'Alocasia Frydek nécessite un emplacement lumineux mais pas en plein soleil, un arrosage régulier pour maintenir le sol humide et une humidité élevée pour prospérer.

2.1.6 Soins et entretien des Alocasias

Les Alocasias sont généralement des plantes d'intérieur faciles à entretenir, à condition de respecter leurs besoins spécifiques. Voici quelques conseils pour maintenir vos Alocasias en bonne santé et les aider à prospérer:

- Lumière: Les Alocasias préfèrent un emplacement lumineux avec une lumière indirecte. Évitez de les placer en plein soleil, car cela pourrait brûler leurs feuilles délicates.
- Arrosage: Arrosez régulièrement vos Alocasias pour maintenir le sol humide, mais assurez-vous de ne pas trop arroser. Utilisez un terreau bien drainant et vérifiez que l'eau ne stagne pas dans le fond du pot, car cela peut entraîner la pourriture des racines.
- Humidité: Les Alocasias apprécient une humidité élevée, qui peut être maintenue en les brumisant régulièrement, en les plaçant sur un plateau d'eau ou en utilisant un humidificateur.
- Fertilisation: Fertilisez vos Alocasias tous les mois pendant la saison de croissance avec un engrais liquide équilibré, dilué à la moitié de sa force recommandée.
- Rempotage: Les Alocasias peuvent être rempotés tous les deux ans ou lorsque leur système racinaire devient trop à l'étroit dans leur pot actuel. Utilisez un terreau bien drainant et un pot légèrement plus grand pour encourager la croissance.
- Taille: Taillez les feuilles jaunies ou abîmées pour favoriser la croissance de nouvelles feuilles saines.

En prenant soin de vos Alocasias et en respectant leurs besoins spécifiques, vous pourrez profiter de la beauté unique de ces plantes exotiques et les aider à prospérer dans votre espace intérieur.

2.2 Anthurium :

Les Anthuriums sont des plantes d'intérieur exotiques et colorées originaires des régions tropicales d'Amérique centrale et du Sud. Ils font également partie de la famille des Araceae et sont souvent appelés "flamants roses" ou "fleurs de cœur" en raison de la forme de leurs spathes. Les Anthuriums sont très prisés pour leurs fleurs brillantes et durables, qui peuvent durer plusieurs semaines. Ils sont également appréciés pour leur facilité d'entretien et leur tolérance à une variété de conditions de croissance. Dans cette section, nous examinerons quelques-unes des espèces d'Anthurium les plus populaires et leurs besoins en matière de soins.

2.2.1 Anthurium andraeanum

L'Anthurium andraeanum est l'une des espèces d'Anthurium les plus courantes et les plus populaires. Il est particulièrement apprécié pour ses fleurs brillantes et colorées, qui peuvent être rouges, roses, blanches ou même orange. Les fleurs sont en réalité des spathes modifiées, avec une inflorescence en forme de spathe qui émerge du centre. L'Anthurium andraeanum préfère un emplacement lumineux avec une lumière indirecte et nécessite un arrosage régulier pour maintenir le sol humide mais pas détrempé.

2.2.2 Anthurium clarinervium

L'Anthurium clarinervium est une espèce d'Anthurium appréciée pour ses feuilles spectaculaires plutôt que pour ses fleurs. Les feuilles sont vert foncé, en forme de cœur, avec des nervures argentées et blanches proéminentes. Cette plante est très prisée pour son aspect décoratif et est idéale pour ajouter une touche d'exotisme à votre collection de plantes d'intérieur. L'Anthurium clarinervium préfère un emplacement lumineux avec une lumière indirecte et nécessite un arrosage régulier pour maintenir le sol humide mais pas détrempé.

2.2.3 Anthurium crystallinum

L'Anthurium crystallinum est une autre espèce d'Anthurium appréciée pour ses feuilles plutôt que pour ses fleurs. Les feuilles sont grandes, en forme de cœur, avec des nervures argentées et blanches et une texture veloutée. Cette plante est très prisée pour son aspect esthétique et peut créer un point focal impressionnant dans votre espace intérieur. Comme les autres espèces d'Anthurium, l'Anthurium crystallinum préfère un emplacement lumineux avec une lumière indirecte et nécessite un arrosage régulier pour maintenir le sol humide mais pas détrempé.

2.2.4 Anthurium warocqueanum

L'Anthurium warocqueanum, également connu sous le nom de "Queen Anthurium", est une espèce d'Anthurium très prisée pour ses feuilles impressionnantes et allongées, qui peuvent atteindre jusqu'à 2 mètres de longueur. Les feuilles sont vert foncé, en forme de cœur, avec des nervures argentées et blanches proéminentes. Cette plante est très appréciée pour son aspect majestueux et nécessite un peu plus d'espace pour s'épanouir que d'autres espèces d'Anthurium. L'Anthurium warocqueanum préfère un emplacement lumineux avec une lumière indirecte et nécessite un arrosage régulier pour maintenir le sol humide mais pas détrempé.

2.2.5 Soins et entretien des Anthuriums

Les Anthuriums sont généralement des plantes d'intérieur faciles à entretenir, à condition de respecter leurs besoins spécifiques. Voici quelques conseils pour maintenir vos Anthuriums en bonne santé et les aider à prospérer :

- Lumière : Les Anthuriums préfèrent un emplacement lumineux avec une lumière indirecte. Évitez de les placer en plein soleil, car cela pourrait brûler leurs feuilles délicates.
- Arrosage : Arrosez régulièrement vos Anthuriums pour maintenir le sol humide, mais assurez-vous de ne pas trop arroser. Utilisez un terreau bien drainant et vérifiez que l'eau ne stagne pas dans le fond du pot, car cela peut entraîner la pourriture des racines.
- Humidité : Les Anthuriums apprécient une humidité élevée, qui peut être maintenue en les brumisant régulièrement, en les plaçant sur un plateau d'eau ou en utilisant un humidificateur.
- Fertilisation : Fertilisez vos Anthuriums tous les mois pendant la saison de croissance avec un engrais liquide

équilibré, dilué à la moitié de sa force recommandée.

- Rempotage : Les Anthuriums peuvent être rempotés tous les deux ans ou lorsque leur système racinaire devient trop à l'étroit dans leur pot actuel. Utilisez un terreau bien drainant et un pot légèrement plus grand pour encourager la croissance.
- Taille : Taillez les feuilles jaunies ou abîmées pour favoriser la croissance de nouvelles feuilles saines. Retirez également les fleurs fanées pour encourager une nouvelle floraison.
- Prévention des maladies et des ravageurs : Inspectez régulièrement vos Anthuriums pour détecter les signes de maladies ou d'infestations de ravageurs. Traitez rapidement les problèmes avec des produits appropriés et éliminez les parties de la plante affectées pour éviter la propagation.

En prenant soin de vos Anthuriums et en respectant leurs besoins spécifiques, vous pourrez profiter de la beauté unique de ces plantes exotiques et les aider à prospérer dans votre espace intérieur. Les Anthuriums sont des plantes d'intérieur incroyablement gratifiantes, offrant des fleurs colorées et des feuilles spectaculaires tout au long de l'année. Ils constituent un excellent ajout à toute collection de plantes d'intérieur, ajoutant une touche d'exotisme et de couleur à votre espace de vie.

2.2.6 Propagation des Anthuriums

Les Anthuriums peuvent être multipliés de différentes manières, notamment par division, bouturage et semis. Voici un aperçu de chaque méthode de propagation :

- Division : La division est la méthode la plus simple et la plus courante pour propager les Anthuriums. Il suffit de séparer soigneusement les racines et les touffes de la plante mère lors du rempotage, puis de replanter les divisions dans un terreau bien drainant. Veillez à ne pas endommager les racines lors de la division et assurez-vous que chaque division contient au moins une feuille et un système racinaire sain.
- Bouturage : Pour propager les Anthuriums par bouturage, prélevez une tige saine avec au moins deux nœuds et quelques feuilles. Placez la tige coupée dans un verre d'eau ou un terreau humide, en prenant soin de maintenir l'humidité. Les racines devraient commencer à se développer en quelques semaines, après quoi la bouture peut être transplantée dans un pot.

- Semis : La propagation des Anthuriums par semis est moins courante et peut être plus difficile que les autres méthodes. Cependant, si vous avez accès à des graines fraîches, vous pouvez tenter de les semer dans un terreau humide et bien drainant. Les graines doivent être maintenues au chaud et à l'humidité, et les jeunes plants doivent être transplantés et soignés avec précaution lorsqu'ils sont suffisamment grands pour être manipulés.

En expérimentant différentes méthodes de propagation, vous pouvez augmenter votre collection d'Anthuriums et partager ces plantes exotiques uniques avec vos amis et votre famille.

2.3 Calathea :

Les Calatheas sont des plantes d'intérieur attrayantes et fascinantes, appartenant à la famille des Marantaceae. Originaires des forêts tropicales d'Amérique centrale et du Sud, les Calatheas sont appréciées pour leurs feuilles colorées et leurs motifs distinctifs. Ces plantes sont également connues pour leur capacité à bouger leurs feuilles en réponse aux changements de lumière tout au long de la journée, un phénomène souvent appelé "nyctinastie". Dans cette section, nous explorerons plusieurs espèces populaires de Calathea et discuterons de leurs besoins en matière de soins et d'entretien.

2.3.1 Calathea orbifolia

La Calathea orbifolia est une espèce de Calathea avec de grandes feuilles arrondies, vert pâle avec des rayures argentées. Cette plante est très appréciée pour son aspect décoratif et ajoute une touche d'élégance à n'importe quelle collection de plantes d'intérieur. La Calathea orbifolia préfère un emplacement lumineux avec une lumière indirecte et nécessite un arrosage régulier pour maintenir le sol humide mais pas détrempé.

2.3.2 Calathea makoyana

La Calathea makoyana, également connue sous le nom de "plante paon", est une espèce de Calathea avec des feuilles ovales, vert clair avec des motifs audacieux et distinctifs ressemblant à desplumes de paon. Les feuilles sont également légèrement translucides, ce qui ajoute à leur attrait visuel unique. La Calathea makoyana préfère un emplacement lumineux avec une lumière indirecte et nécessite un arrosage régulier pour maintenir le sol humide mais pas détrempé.

2.3.3 Calathea lancifolia

La Calathea lancifolia, également appelée "plante à lances" ou "rattlesnake plant", est une espèce de Calathea avec des feuilles allongées et pointues, vert foncé avec des motifs distinctifs en forme de losange. Les feuilles ont également des revers pourpres, ce qui ajoute encore à leur intérêt visuel. La Calathea lancifolia préfère un emplacement lumineux avec une lumière indirecte et nécessite un arrosage régulier pour maintenir le sol humide mais pas détrempé.

2.3.4 Calathea roseopicta

La Calathea roseopicta, souvent appelée "plante médaillon", est une espèce de Calathea avec des feuilles arrondies, vert foncé avec des bords roses et un motif argenté distinctif au centre. Cette plante est particulièrement appréciée pour ses feuilles colorées et est un excellent ajout à toute collection de plantes d'intérieur. La Calathea roseopicta préfère un emplacement lumineux avec une lumière indirecte et nécessite un arrosage régulier pour maintenir le sol humide mais pas détrempé.

2.3.5 Soins et entretien des Calatheas

Les Calatheas sont des plantes d'intérieur quelque peu capricieuses et peuvent être un défi à cultiver pour les jardiniers débutants. Cependant, en respectant leurs besoins spécifiques, vous pouvez profiter de la beauté de ces plantes fascinantes et les aider à prospérer dans votre espace intérieur. Voici quelques conseils pour prendre soin de vos Calatheas :

- Lumière : Les Calatheas préfèrent un emplacement lumineux avec une lumière indirecte. Évitez de les placer en plein soleil, car cela pourrait brûler leurs feuilles délicates.
- Arrosage : Arrosez régulièrement vos Calatheas pour maintenir le sol humide, mais assurez-vous de ne pas trop arroser. Utilisez un terreau bien drainant et vérifiez que l'eau ne stagne pas dans le fond du pot, car cela peut entraîner la pourriture des racines.
- Humidité : Les Calatheas apprécient une humidité élevée et peuvent souffrir si l'air est trop sec. Maintenez l'humidité en brumisant régulièrement les feuilles, en plaçant les plantes sur un plateau d'eau ou en utilisant un humidificateur.
- Fertilisation : Fertilisez vos Calatheas tous les mois pendant la saison de croissance avec un engrais liquide équilibré, dilué à la moitié de sa force recommandée.
- Rempotage : Les Calatheas peuvent être rempotés tous les deux ans ou lorsque leur système racinaire devient trop à l'étroit dans leur pot actuel. Utilisez un terreau bien drainant et un pot légèrement plus grand pour encourager la croissance.

- Taille : Taillez les feuilles jaunies ou abîmées pour favoriser la croissance de nouvelles feuilles saines. Retirez également les fleurs fanées pour encourager une nouvelle floraison.
- Prévention des maladies et des ravageurs : Inspectez régulièrement vos Calatheas pour détecter les signes de maladies ou d'infestations de ravageurs. Traitez rapidement les problèmes avec des produits appropriés et éliminez les parties de la plante affectées pour éviter la propagation.

En prenant soin de vos Calatheas et en respectant leurs besoins spécifiques, vous pourrez profiter de la beauté unique de ces plantes exotiques et les aider à prospérer dans votre espace intérieur.

2.3.6 Propagation des Calatheas

Les Calatheas peuvent être multipliés de différentes manières, notamment par division et bouturage. Voici un aperçu de chaque méthode de propagation:

- Division : La division est la méthode la plus simple et la plus courante pour propager les Calatheas. Il suffit de séparer soigneusement les racines et les touffes de la plante mère lors du rempotage, puis de replanter les divisions dans un terreau bien drainant. Veillez à ne pas endommager les racines lors de la division et assurez-vous que chaque division contient au moins une feuille et un système racinaire sain.

- Bouturage : Pour propager les Calatheas par bouturage, prélevez une tige saine avec au moins deux nœuds et quelques feuilles. Placez la tige coupée dans un verre d'eau ou un terreau humide, en prenant soin de maintenir l'humidité. Les racines devraient commencer à se développer en quelques semaines, après quoi la bouture peut être transplantée dans un pot.

En expérimentant différentes méthodes de propagation, vous pouvez augmenter votre collection de Calatheas et partager ces plantes exotiques uniques avec vos amis et votre famille.

2.4 Hoya

Les Hoyas, également connus sous le nom de "plantes de cire" en raison de l'apparence cireuse de leurs feuilles et de leurs fleurs, sont des plantes d'intérieur populaires et attrayantes appartenant à la famille des Apocynaceae. Originaires d'Asie et d'Australie, les Hoyas sont appréciés pour leur facilité d'entretien, leurs feuilles charnues et leurs fleurs en forme d'étoile souvent parfumées. Dans cette section, nous explorerons plusieurs espèces populaires de Hoya et discuterons de leurs besoins en matière de soins et d'entretien.

2.4.1 Hoya carnosa

La Hoya carnosa, également appelée "plante de porcelaine" ou "fleur de cire", est l'une des espèces de Hoya les plus courantes et les plus populaires. Cette plante d'intérieur grimpante possède des feuilles épaisses et charnues de couleur vert foncé, ainsi que des grappes de fleurs étoilées blanches ou roses avec un centre rouge. La Hoya carnosa préfère un emplacement lumineux avec une lumière indirecte et nécessite un arrosage modéré pour maintenir le sol légèrement humide.

2.4.2 Hoya kerrii

La Hoya kerrii, également appelée "plante cœur", est une espèce de Hoya avec des feuilles en forme de cœur, charnues et épaisses. Cette plante est souvent vendue comme une plante succulente et est particulièrement appréciée pour sa forme unique et son faible besoin d'entretien. La Hoya kerrii préfère un emplacement lumineux avec une lumière indirecte et nécessite un arrosage modéré pour maintenir le sol légèrement humide.

2.4.3 Hoya linearis

La Hoya linearis est une espèce de Hoya au port retombant, avec de longues tiges fines et des feuilles étroites et linéaires. Les fleurs sont de couleur blanche à crème avec un parfum agréable. Cette plante est idéale pour être suspendue ou placée en hauteur, où ses tiges retombantes peuvent être mises en valeur. La Hoya linearis préfère un emplacement lumineux avec une lumière indirecte et nécessite un arrosage modéré pour maintenir le sol légèrement humide.

2.4.4 Hoya obovata

La Hoya obovata est une espèce de Hoya avec des feuilles épaisses et charnues, de forme arrondie et de couleur vert foncé, souvent avec des taches argentées. Les fleurs sont en forme d'étoile et varient en couleur du blanc au rose pâle. La Hoya obovata préfère un emplacement lumineux avec une lumière indirecte et nécessite un arrosage modéré pour maintenir le sol légèrement humide.

2.4.5 Soins et entretien des Hoyas

Les Hoyas sont généralement des plantes d'intérieur faciles d'entretien, ce qui les rend idéales pour les jardiniers débutants ou ceux qui ont peu de temps à consacrer à leurs plantes. Voici quelques conseils pour prendre soin de vos Hoyas :

- Lumière : Les Hoyas préfèrent un emplacement lumineux avec une lumière indirecte. Évitez de les exposer à la lumière directe du soleil, car cela pourrait brûler leurs feuilles délicates.
- Arrosage : Arrosez modérément vos Hoyas pour maintenir le sol légèrement humide, mais évitez de trop arroser. Laissez sécher le terreau entre les arrosages pour prévenir la pourriture des racines.
- Humidité : Les Hoyas tolèrent généralement une faible humidité, mais peuvent bénéficier d'une brumisation occasionnelle des feuilles ou d'être placés sur un plateau d'eau.
- Fertilisation : Fertilisez vos Hoyas tous les mois pendant la saison de croissance avec un engrais liquide équilibré, dilué à la moitié de sa force recommandée.
- Rempotage : Les Hoyas peuvent être rempotés tous les deux ans ou lorsque leur système racinaire devient trop à

l'étroit dans leur pot actuel. Utilisez un terreau bien drainant et un pot légèrement plus grand pour encourager la croissance.

- Taille : Taillez les tiges trop longues ou les feuilles abîmées pour favoriser la croissance de nouvelles pousses saines. Vous pouvez également pincer les extrémités des tiges pour encourager un port plus dense.
- Prévention des maladies et des ravageurs : Inspectez régulièrement vos Hoyas pour détecter les signes de maladies ou d'infestations de ravageurs. Traitez rapidement les problèmes avec des produits appropriés et éliminez les parties de la plante affectées pour éviter la propagation.

2.4.6 Propagation des Hoyas

Les Hoyas peuvent être multipliés de différentes manières, notamment par bouturage et marcottage aérien. Voici un aperçu de chaque méthode de propagation:

- Bouturage : Pour propager les Hoyas par bouturage, prélevez une tige saine avec au moins deux nœuds et quelques feuilles. Placez la tige coupée dans un verre d'eau ou un terreau humide, en prenant soin de maintenir l'humidité. Les racines devraient commencer à se développer en quelques semaines, après quoi la bouture peut être transplantée dans un pot.

- Marcottage aérien : Le marcottage aérien est une autre méthode de propagation des Hoyas, où une incision est pratiquée sur une tige saine et ensuite enveloppée de mousse de sphaigne humide et recouverte de plastique pour maintenir l'humidité. Une fois que les racines se sont développées à partir de l'incision, la tige peut être coupée et replantée dans un pot séparé.

En expérimentant différentes méthodes de propagation, vous pouvez augmenter votre collection de Hoyas et partager ces plantes exotiques uniques avec vos amis et votre famille.

En sommes, les Hoyas sont des plantes d'intérieur attrayantes et faciles d'entretien qui ajoutent de la beauté et de l'intérêt à votre espace de vie. Avec une grande variété d'espèces et de formes à choisir, vous pouvez créer une collection de Hoyas qui reflète vos goûts personnels et s'intègre parfaitement à votre décor intérieur. En fournissant les conditions de croissance appropriées et en apprenant les techniques de propagation, vous pouvez profiter de la beauté des Hoyas pendant de nombreuses années.

2.5 Monstera

Les Monsteras, parfois appelées "plantes du trou suisse" en raison de leurs feuilles découpées, sont des plantes d'intérieur tropicales attrayantes et populaires appartenant à la famille des Araceae. Originaires des forêts tropicales d'Amérique centrale et du Sud, les Monsteras sont appréciées pour leur croissance rapide, leurs feuilles imposantes et leur facilité d'entretien. Dans cette section, nous explorerons plusieurs espèces populaires de Monstera et discuterons de leurs besoins en matière de soins et d'entretien.

2.5.1 Monstera deliciosa

La Monstera deliciosa, également appelée "plante du trou suisse" ou "fruit du pain mexicain", est l'une des espèces de Monstera les plus courantes et les plus populaires. Cette plante d'intérieur grimpante possède de grandes feuilles vert foncé, brillantes et perforées, qui peuvent atteindre jusqu'à 90 cm de longueur. La Monstera deliciosa préfère un emplacement lumineux avec une lumière indirecte et nécessite un arrosage modéré pour maintenir le sol légèrement humide.

2.5.2   Monstera adansonii

La Monstera adansonii, également appelée "plante du trou suisse" ou "plante filet", est une espèce de Monstera aux feuilles plus petites et plus délicates que celles de la Monstera deliciosa. Les feuilles de cette plante grimpante sont ovales, vert foncé et possèdent de nombreuses ouvertures ou fenêtres. La Monstera adansonii préfère un emplacement lumineux avec une lumière indirecte et nécessite un arrosage modéré pour maintenir le sol légèrement humide.

2.5.3 Monstera siltepecana

La Monstera siltepecana est une espèce de Monstera moins courante et plus rare, avec des feuilles allongées et lancéolées, de couleur vert argenté et des veines vert foncé. Cette plante grimpante ou rampante est idéale pour être suspendue ou cultivée sur un support pour mettre en valeur sa croissance. La Monstera siltepecana préfère un emplacement lumineux avec une lumière indirecte et nécessite un arrosage modéré pour maintenir le sol légèrement humide.

2.5.4 Soins et entretien des Monsteras

Les Monsteras sont généralement des plantes d'intérieur faciles d'entretien, ce qui les rend idéales pour les jardiniers débutants ou ceux qui ont peu de temps à consacrer à leurs plantes. Voici quelques conseils pour prendre soin de vos Monsteras :

- Lumière : Les Monsteras préfèrent un emplacement lumineux avec une lumière indirecte. Évitez de les exposer à la lumière directe du soleil, car cela pourrait brûler leurs feuilles délicates.
- Arrosage : Arrosez modérément vos Monsteras pour maintenir le sol légèrement humide, mais évitez de trop arroser. Laissez sécher le terreau entre les arrosages pour prévenir la pourriture des racines.
- Humidité : Les Monsteras apprécient une humidité élevée, qui peut être obtenue en les plaçant sur un plateau d'eau, en utilisant un humidificateur ou en les regroupant avec d'autres plantes.
- Fertilisation : Fertilisez vos Monsteras tous les mois pendant la saison de croissance avec un engrais liquide équilibré, dilué à la moitié de sa force recommandée.
- Rempotage : Les Monsteras peuvent être rempotés tous les deux ans ou lorsque leur système racinaire devient trop à l'étroit dans leur pot actuel. Utilisez un terreau bien drainant et un pot légèrement plus grand pour encourager la croissance.

- Taille : Taillez les tiges trop longues ou les feuilles abîmées pour favoriser la croissance de nouvelles pousses saines. Vous pouvez également pincer les extrémités des tiges pour encourager un port plus dense.
- Prévention des maladies et des ravageurs : Inspectez régulièrement vos Monsteras pour détecter les signes de maladies ou d'infestations de ravageurs. Traitez rapidement les problèmes avec des produits appropriés et éliminez les parties de la plante affectées pour éviter la propagation.
- Support : Les Monsteras sont des plantes grimpantes dans leur habitat naturel et peuvent bénéficier d'un support, comme un tuteur, un treillis ou un poteau de mousse, pour aider à soutenir leur croissance et à maintenir une apparence soignée.

2.5.5 Propagation des Monsteras

Les Monsteras peuvent être multipliés par bouturage de tige ou de feuille, ce qui permet d'augmenter votre collection et de partager ces plantes attrayantes avec vos amis et votre famille. Voici un aperçu des méthodes de propagation :

- Bouturage de tige : Pour propager les Monsteras par bouturage de tige, prélevez une tige saine avec au moins un nœud et une feuille. Placez la tige coupée dans un verre d'eau ou un terreau humide, en prenant soin de maintenir l'humidité. Les racines devraient commencer à se développer en quelques semaines, après quoi la bouture peut être transplantée dans un pot.
- Bouturage de feuille : La propagation par bouturage de feuille est également possible pour certaines espèces de Monstera. Prélevez une feuille saine avec un morceau de tige attaché et placez-la dans un verre d'eau ou un terreau humide. Les racines et éventuellement une nouvelle pousse devraient apparaître au fil du temps.

En expérimentant différentes méthodes de propagation, vous pouvez augmenter votre collection de Monsteras et partager ces plantes tropicales impressionnantes avec vos amis et votre famille.

Conclusion

Les Monsteras sont des plantes d'intérieur attrayantes et faciles d'entretien qui ajoutent de la beauté et de l'intérêt à votre espace de vie. Avec une grande variété d'espèces et de formes à choisir, vous pouvez créer une collection de Monsteras qui reflète vos goûts personnels et s'intègre parfaitement à votre décor intérieur. En fournissant les conditions de croissance appropriées et en apprenant les techniques de propagation, vous pouvez profiter de la beauté des Monsteras pendant de nombreuses années.

2.6 Philodendron

Les Philodendrons sont des plantes d'intérieur tropicales attrayantes et polyvalentes qui appartiennent à la famille des Araceae. Originaires des forêts tropicales d'Amérique centrale et du Sud, les Philodendrons sont appréciés pour leur croissance rapide, leurs feuilles luxuriantes et leur facilité d'entretien. Dans cette section, nous explorerons plusieurs espèces populaires de Philodendron et discuterons de leurs besoins en matière de soins et d'entretien.

2.6.1 Philodendron hederaceum

Le Philodendron hederaceum, également appelé "Philodendron à feuilles de lierre" ou "Philodendron cordatum", est l'une des espèces de Philodendron les plus courantes et les plus populaires. Cette plante d'intérieur grimpante possède de petites feuilles vert foncé en forme de cœur et s'adapte bien à la vie en intérieur. Le Philodendron hederaceum préfère un emplacement lumineux avec une lumière indirecte et nécessite un arrosage modéré pour maintenir le sol légèrement humide.

2.6.2   Philodendron selloum

Le Philodendron selloum, également appelé "Philodendron à feuilles fendues" ou "Philodendron de l'espoir", est une espèce de Philodendron aux grandes feuilles découpées et lobées qui peuvent atteindre jusqu'à 90 cm de longueur. Cette plante d'intérieur imposante préfère un emplacement lumineux avec une lumière indirecte et nécessite un arrosage modéré pour maintenir le sol légèrement humide.

2.6.3 Philodendron micans

Le Philodendron micans, également appelé "Philodendron velours" en raison de la texture veloutée de ses feuilles, est une espèce de Philodendron moins courante et plus rare. Ses feuilles sont de forme ovale, avec des couleurs allant du vert foncé au bronze et au violet. Le Philodendron micans préfère un emplacement lumineux avec une lumière indirecte et nécessite un arrosage modéré pour maintenir le sol légèrement humide.

2.6.4 Soins et entretien des Philodendrons

Les Philodendrons sont généralement des plantes d'intérieur faciles d'entretien, ce qui les rend idéales pour les jardiniers débutants ou ceux qui ont peu de temps à consacrer à leurs plantes. Voici quelques conseils pour prendre soin de vos Philodendrons :

- Lumière : Les Philodendrons préfèrent un emplacement lumineux avec une lumière indirecte. Évitez de les exposer à la lumière directe du soleil, car cela pourrait brûler leurs feuilles délicates.
- Arrosage : Arrosez modérément vos Philodendrons pour maintenir le sol légèrement humide, mais évitez de trop arroser. Laissez sécher le terreau entre les arrosages pour prévenir la pourriture des racines.
- Humidité : Les Philodendrons apprécient une humidité élevée, qui peut être obtenue en les plaçant sur un plateau d'eau, en utilisant un humidificateur ou en les regroupant avec d'autres plantes.
- Fertilisation : Fertilisez vos Philodendrons tous les mois pendant la saison de croissance avec un engrais liquide équilibré, dilué à la moitié de sa force recommandée.
- Rempotage : Les Philodendrons peuvent être rempotés tous les deux ans ou lorsque leur système racinaire devient trop à l'étroit dans leur pot actuel. Utilisez un terreau bien drainant et un pot légèrement plus grand pour encourager la croissance.
- Taille : Taillez les tiges trop longues ou les feuilles abîmées pour favoriser la croissance de nouvelles pousses saines. Vous pouvez également pincer les

extrémités des tiges pour encourager un port plus dense.

- Prévention des maladies et des ravageurs : Inspectez régulièrement vos Philodendrons pour détecter les signes de maladies ou d'infestations de ravageurs. Traitez rapidement les problèmes avec des produits appropriés et éliminez les parties de la plante affectées pour éviter la propagation.

2.6.5 Propagation des Philodendrons

Les Philodendrons peuvent être multipliés par bouturage de tige, ce qui permet d'augmenter votre collection et de partager ces plantes avec vos amis et votre famille. Voici un aperçu des méthodes de propagation :

- Bouturage de tige : Pour propager les Philodendrons par bouturage de tige, prélevez une tige saine avec au moins un nœud et une feuille. Placez la tige coupée dans un verre d'eau ou un terreau humide, en prenant soin de maintenir l'humidité. Les racines devraient commencer à se développer en quelques semaines, après quoi la bouture peut être transplantée dans un pot.
- Bouturage de feuille : Bien que la propagation par bouturage de feuille ne

soit pas aussi courante pour les Philodendrons, certaines espèces peuvent être propagées de cette manière. Prélevez une feuille saine avec un morceau de tige attaché et placez-la dans un verre d'eau ou un terreau humide. Les racines et éventuellement une nouvelle pousse devraient apparaître au fil du temps.

En expérimentant différentes méthodes de propagation, vous pouvez augmenter votre collection de Philodendrons et partager ces plantes tropicales attrayantes avec vos amis et votre famille.

Conclusion

Les Philodendrons sont des plantes d'intérieur attrayantes et faciles d'entretien qui ajoutent de la beauté et de l'intérêt à votre espace de vie. Avec une grande variété d'espèces et de formes à choisir, vous pouvez créer une collection de Philodendrons qui reflète vos goûts personnels et s'intègre parfaitement à votre décor intérieur. En fournissant les conditions de croissance appropriées et en apprenant les techniques de propagation, vous pouvez profiter de la beauté des Philodendrons pendant de nombreuses années.

2.7 Pilea

Les Pileas, également connues sous le nom de "plantes à monnaie chinoise" ou "plantes à monnaie", sont des plantes d'intérieur populaires et attrayantes appartenant à la famille des Urticaceae. Originaires de la Chine et des régions tropicales d'Amérique, les Pileas sont appréciées pour leurs feuilles rondes et charnues et leur facilité d'entretien. Dans cette section, nous explorerons plusieurs espèces populaires de Pilea et discuterons de leurs besoins en matière de soins et d'entretien.

2.7.1 Pilea peperomioides

La Pilea peperomioides, également appelée "plante à monnaie chinoise" en raison de la forme circulaire de ses feuilles, est l'une des espèces de Pilea les plus courantes et les plus populaires. Cette plante d'intérieur compacte et ramifiée possède de petites feuilles vert foncé et charnues, qui sont disposées sur de longues tiges fines. La Pilea peperomioides préfère un emplacement lumineux avec une lumière indirecte et nécessite un arrosage modéré pour maintenir le sol légèrement humide.

2.7.2 Pilea cadierei

La Pilea cadierei, également appelée "plante aluminium" en raison de la texture métallique de ses feuilles, est une autre espèce de Pilea attrayante. Ses feuilles sont de forme ovale, avec des marques argentées distinctives sur un fond vert foncé. La Pilea cadierei préfère un emplacement lumineux avec une lumière indirecte et nécessite un arrosage modéré pour maintenir le sol légèrement humide.

2.7.3 Pilea mollis

Le Pilea mollis, également appelé "plante de lune" ou "plante à oreilles de lapin", est une espèce de Pilea moins courante et plus rare. Ses feuilles sont de forme ovale, avec une surface légèrement duveteuse et une couleur vert foncé. Le Pilea mollis préfère un emplacement lumineux avec une lumière indirecte et nécessite un arrosage modéré pour maintenir le sol légèrement humide.

2.7.4 Soins et entretien des Pileas

Les Pileas sont généralement des plantes d'intérieur faciles d'entretien, ce qui les rend idéales pour les jardiniers débutants ou ceux qui ont peu de temps à consacrer à leurs plantes. Voici quelques conseils pour prendre soin de vos Pileas :

- Lumière : Les Pileas préfèrent un emplacement lumineux avec une lumière indirecte. Évitez de les exposer à la lumière directe du soleil, car cela pourrait brûler leurs feuilles délicates.
- Arrosage : Arrosez modérément vos Pileas pour maintenir le sol légèrement humide, mais évitez de trop arroser. Laissez sécher le terreau entre les arrosages pour prévenir la pourriture des racines.
- Humidité : Les Pileas apprécient une humidité élevée, qui peut être obtenue

en les plaçant sur un plateau d'eau, en utilisant un humidificateur ou en les regroupant avec d'autres plantes.

- **Fertilisation** : Fertilisez vos Pileas tous les mois pendant la saison de croissance avec un engrais liquide équilibré, dilué à la moitié de sa force recommandée.
- **Rempotage** : Les Pileas peuvent être rempotés tous les deux ans ou lorsque leur système racinaire devient trop à l'étroit dans leur pot actuel. Utilisez un terreau bien drainant et un pot légèrement plus grand pour encourager la croissance.
- **Taille** : Taillez les tiges trop longues ou les feuilles abîmées pour favoriser la croissance de nouvelles pousses saines. Vous pouvez également pincer les extrémités des tiges pour encourager un port plus dense.
- **Prévention des maladies et des ravageurs** : Inspectez régulièrement vos Pileas pour détecter les signes de maladies ou d'infestations de ravageurs. Traitez rapidement les problèmes avec des produits appropriés et éliminez les parties de la plante affectées pour éviter la propagation.

2.7.5 Propagation des Pileas

Les Pileas peuvent être multipliés par bouturage de tige, ce qui permet d'augmenter votre collection et de partager ces plantes attrayantes avec vos amis et votre famille. Voici un aperçu des méthodes de propagation :

- Bouturage de tige : Pour propager les Pileas par bouturage de tige, prélevez une tige saine avec au moins un nœud et une feuille. Placez la tige coupée dans un verre d'eau ou un terreau humide, en prenant soin de maintenir l'humidité. Les racines devraient commencer à se développer en quelques semaines, après quoi la bouture peut être transplantée dans un pot.
- Division de la plante : Certaines espèces de Pilea, comme la Pilea peperomioides, peuvent être propagées par division de la plante. Pour ce faire, séparez délicatement les petites plantules qui poussent autour de la plante mère et replantez-les dans un terreau humide.

En expérimentant différentes méthodes de propagation, vous pouvez augmenter votre collection de Pileas et partager ces plantes tropicales attrayantes avec vos amis et votre famille.

Conclusion

Les Pileas sont des plantes d'intérieur attrayantes et faciles d'entretien qui ajoutent de la beauté et de l'intérêt à votre espace de vie. Avec une grande variété d'espèces et de formes à choisir, vous pouvez créer une collection de Pileas qui reflète vos goûts personnels et s'intègre parfaitement à votre décor intérieur. En fournissant les conditions de croissance appropriées et en apprenant les techniques de propagation, vous pouvez profiter de la beauté des Pileas pendant de nombreuses années.

2.8 String of Hearts

La String of Hearts, également connue sous le nom de Ceropegia woodii, est une plante d'intérieur attrayante et populaire appartenant à la famille des Apocynaceae. Cette plante grimpante ou retombante est originaire d'Afrique du Sud et est appréciée pour ses feuilles en forme de cœur et ses longues tiges traînantes. Dans cette section, nous explorerons les caractéristiques uniques de la String of Hearts et discuterons de ses besoins en matière de soins et d'entretien.

2.8.1 Caractéristiques de la String of Hearts

La String of Hearts se caractérise par ses longues tiges traînantes, qui peuvent atteindre plusieurs mètres de longueur. Les feuilles succulentes en forme de cœur sont de couleur vert-bleuâtre, avec des marbrures argentées et des bords roses. Les petites fleurs tubulaires, généralement de couleur rose pâle ou violet clair, apparaissent sur les tiges pendant la saison de croissance.

2.8.2 Conditions de croissance

La String of Hearts est une plante d'intérieur relativement facile d'entretien, mais elle a des exigences spécifiques en matière de lumière et d'arrosage pour prospérer. Voici quelques conseils pour créer un environnement optimal pour votre String of Hearts :

- Lumière : La String of Hearts préfère un emplacement lumineux avec une lumière indirecte. Évitez de l'exposer à la lumière directe du soleil, car cela pourrait brûler ses feuilles délicates. Un rebord de fenêtre orienté à l'est ou à l'ouest est idéal.

- Arrosage : En tant que plante succulente, la String of Hearts préfère un arrosage moins fréquent que la plupart des autres plantes d'intérieur. Laissez sécher le terreau entre les arrosages pour éviter la pourriture des racines. La fréquence d'arrosage dépendra de la température et de l'humidité de votre maison, mais un arrosage toutes les deux ou trois semaines est généralement suffisant.
- Température : La String of Hearts préfère des températures comprises entre 18 et 24°C (65-75°F). Évitez les courants d'air froids ou les températures inférieures à 10°C (50°F), car cela pourrait endommager la plante.
- Humidité : La String of Hearts tolère des niveaux d'humidité modérés, mais elle peut également prospérer dans des conditions plus sèches. Vous pouvez augmenter l'humidité autour de la plante en la regroupant avec d'autres plantes ou en utilisant un plateau d'eau.

2.8.3 Soins et entretien

Les soins et l'entretien de la String of Hearts sont relativement simples, mais il est important de suivre ces conseils pour assurer la santé et le bonheur de votre plante :

- Fertilisation : Fertilisez la String of Hearts tous les mois pendant la saison de croissance avec un engrais liquide équilibré, dilué à la moitié de sa force recommandée. Évitez de fertiliser pendant la période de dormance en hiver, car cela pourrait provoquer une croissance faible et étirée.

- Rempotage : La String of Hearts préfère être légèrement à l'étroit dans son pot, donc rempotez seulement lorsque le système racinaire est visiblement à l'étroit. Utilisez un terreau bien drainant, riche en matière organique et un pot légèrement plus grand pour encourager la croissance. Assurez-vous que le pot a des trous de drainage pour éviter la rétention d'eau.

- Taille : Taillez les tiges trop longues ou les feuilles abîmées pour favoriser une croissance saine et compacte. La taille peut également encourager la production de nouvelles pousses à partir des nœuds des tiges.

- Prévention des maladies et des ravageurs : Inspectez régulièrement votre String of Hearts pour détecter les signes de maladies ou d'infestations de ravageurs. Les cochenilles, les pucerons et les mouches des terreaux sont quelques-uns des ravageurs les plus courants qui peuvent affecter la String of Hearts. Traitez rapidement les problèmes avec des produits appropriés et éliminez les parties de la plante affectées pour éviter la propagation.

2.8.4 Propagation de la String of Hearts

La propagation de la String of Hearts est simple et peut être réalisée de plusieurs manières. Voici deux méthodes courantes de propagation :

- Bouturage de tige : Prélevez une tige saine avec plusieurs nœuds et feuilles et placez-la dans un verre d'eau ou un terreau humide. Les racines devraient commencer à se développer en quelques semaines, après quoi la bouture peut être transplantée dans un pot.
- Bouturage de feuille : Détachez délicatement une feuille saine de la tige et laissez sécher la coupure pendant quelques jours. Ensuite, placez la feuille sur un terreau humide et attendez que les racines se forment. Une fois que les racines sont suffisamment développées, transplantez la bouture dans un pot.

En expérimentant différentes méthodes de propagation, vous pouvez augmenter votre collection de String of Hearts et partager ces plantes attrayantes avec vos amis et votre famille.

Conclusion

La String of Hearts est une plante d'intérieur élégante et facile d'entretien qui apporte une touche d'originalité à votre espace de vie. En fournissant les conditions de croissance appropriées et en apprenant les techniques de propagation, vous pouvez profiter de la beauté de la String of Hearts pendant de nombreuses années. Son aspect unique et ses longues tiges traînantes en font une plante d'intérieur attrayante qui ne manquera pas d'attirer l'attention de vos visiteurs.

2.9 ZZ Plant :

La ZZ Plant, également connue sous le nom de Zamioculcas zamiifolia, est une plante d'intérieur très populaire en raison de sa facilité d'entretien et de sa résistance aux conditions de faible luminosité. Originaire d'Afrique de l'Est, cette plante à feuilles persistantes est appréciée pour ses feuilles luisantes et sa croissance dense et touffue. Dans cette section, nous examinerons les caractéristiques de la ZZ Plant et discuterons de ses besoins en matière de soins et de culture.

2.9.1 Caractéristiques de la ZZ Plant

La ZZ Plant se caractérise par ses tiges épaisses et dressées qui portent des feuilles luisantes et vert foncé. Les feuilles sont disposées en rangées le long des tiges, ce qui donne à la plante une apparence dense et touffue. Les tiges sont en réalité des rhizomes modifiés appelés "tubercules", qui stockent l'eau et permettent à la plante de survivre dans des conditions de faible luminosité et d'arrosage irrégulier.

2.9.2 Conditions de croissance

La ZZ Plant est une plante d'intérieur extrêmement tolérante et peut s'adapter à une variété de conditions de croissance. Voici quelques conseils pour créer un environnement optimal pour votre ZZ Plant :

- Lumière : La ZZ Plant peut tolérer des niveaux de lumière faibles à moyens, ce qui en fait une plante idéale pour les espaces intérieurs avec peu de lumière naturelle. Cependant, pour une croissance optimale, placez-la dans un endroit avec une lumière indirecte et évitez la lumière directe du soleil, qui pourrait brûler les feuilles.
- Arrosage : La ZZ Plant est très tolérante à la sécheresse et préfère être légèrement sous-arrosée plutôt que trop arrosée. Laissez le terreau sécher complètement entre les arrosages et réduisez l'arrosage en hiver, lorsque la plante est en dormance.
- Température : La ZZ Plant préfère des températures comprises entre 18 et 24°C (65-75°F). Évitez les courants d'air froids ou les températures inférieures à 12°C (55°F), car cela pourrait endommager la plante.
- Humidité : La ZZ Plant tolère des niveaux d'humidité modérés et ne nécessite pas d'humidité supplémentaire pour prospérer. Toutefois, si l'air de votre maison est particulièrement sec, vous pouvez augmenter l'humidité autour de la plante en la regroupant avec d'autres plantes ou en utilisant un plateau d'eau.

2.9.3 Soins et entretien

La ZZ Plant nécessite très peu d'entretien et est donc une plante idéale pour les jardiniers débutants ou ceux qui ont peu de temps pour s'occuper de leurs plantes d'intérieur. Voici quelques conseils pour assurer la santé et la croissance de votre ZZ Plant :

- Fertilisation : Fertilisez la ZZ Plant tous les deux mois pendant la saison de croissance avec un engrais liquide équilibré, dilué à la moitié de la force recommandée. Il n'est pas nécessaire de fertiliser pendant la période de dormance en hiver.

- Rempotage : La ZZ Plant préfère être légèrement à l'étroit dans son pot et ne nécessite pas de rempotage fréquent. Rempotez seulement lorsque le système racinaire est à l'étroit et utilisez un terreau bien drainant et un pot avec des trous de drainage. Les pots en terre cuite sont un bon choix pour la ZZ Plant, car ils permettent à l'excès d'eau de s'évaporer plus rapidement.

- Nettoyage : Les feuilles de la ZZ Plant sont naturellement brillantes, mais elles peuvent accumuler de la poussière au fil du temps. Nettoyez les feuilles avec un chiffon humide pour les garder propres et favoriser la photosynthèse.

- Prévention des maladies et des ravageurs : La ZZ Plant est généralement résistante aux maladies et aux ravageurs, mais elle peut être sujette aux cochenilles, aux pucerons et aux araignées rouges. Inspectez régulièrement votre plante pour détecter tout signe d'infestation et traitez les problèmes rapidement avec des insecticides appropriés ou des méthodes de lutte biologique.

2.9.4 Propagation de la ZZ Plant

La ZZ Plant peut être propagée de plusieurs manières, mais la méthode la plus courante consiste à diviser les rhizomes. Voici comment procéder :

1. Retirez délicatement la plante de son pot et séparez les tubercules (rhizomes) avec un couteau propre et tranchant. Assurez-vous que chaque division contient au moins un tubercule et quelques feuilles.
2. Laissez les coupures sécher pendant quelques heures pour éviter la pourriture.
3. Plantez chaque division dans un pot séparé rempli d'un mélange de terreau et de perlite, en veillant à ce que le

tubercule soit légèrement enterré sous la surface du sol.

4. Arrosez légèrement le sol et placez le pot dans un endroit chaud et lumineux, à l'abri de la lumière directe du soleil.

5. Maintenez le sol légèrement humide et attendez que de nouvelles pousses apparaissent, signe que la propagation a réussi.

Conclusion

La ZZ Plant est une plante d'intérieur attrayante et facile d'entretien, parfaite pour les jardiniers débutants ou ceux qui n'ont pas beaucoup de temps à consacrer à l'entretien des plantes. En fournissant les conditions de croissance appropriées et en suivant les conseils d'entretien, vous pouvez profiter de la beauté luxuriante de la ZZ Plant pendant de nombreuses années. Sa résistance aux conditions de faible luminosité et sa tolérance à la sécheresse en font un excellent choix pour les espaces intérieurs où d'autres plantes pourraient avoir du mal à survivre.

2.10 Autres plantes rares et exotiques

En plus des plantes mentionnées précédemment, il existe de nombreuses autres plantes d'intérieur rares et exotiques qui peuvent ajouter une touche unique à votre espace de vie. Dans cette section, nous explorerons quelques-unes de ces plantes et discuterons de leurs caractéristiques, de leurs conditions de croissance et de leurs besoins en matière de soins.

2.10.1 Maranta

La Maranta, également connue sous le nom de plante de prière, est une plante d'intérieur tropicale originaire d'Amérique centrale et du Sud. Elle est appréciée pour ses feuilles décoratives, qui présentent des motifs frappants de couleurs contrastées. Les feuilles se replient vers le haut la nuit, d'où son surnom de "plante de prière".

Conditions de croissance : La Maranta préfère une lumière indirecte et tolère une faible luminosité. Elle nécessite un sol humide mais bien drainé et une humidité élevée. Arrosez régulièrement pour maintenir le sol humide et placez la plante sur un plateau d'eau ou à proximité d'un humidificateur pour augmenter l'humidité.

2.10.2 Ficus lyrata

Le Ficus lyrata, ou figuier à feuilles de violon, est une plante d'intérieur populaire pour son feuillage en forme de violon et sa capacité à atteindre de grandes hauteurs. Il est originaire des forêts tropicales d'Afrique de l'Ouest et peut atteindre jusqu'à 3 mètres de hauteur en intérieur.

Conditions de croissance : Le Ficus lyrata préfère une lumière indirecte brillante et un sol bien drainé. Arrosez lorsque le sol est sec sur environ 2 cm de profondeur. La plante est sensible aux courants d'air et aux changements de température, il est donc important de lui fournir un environnement stable.

2.10.3 Oxalis triangularis

L'Oxalis triangularis, également connu sous le nom de trèfle violet, est une plante d'intérieur attrayante avec des feuilles triangulaires pourpres et des fleurs roses ou blanches. Elle est originaire d'Amérique du Sud et est souvent cultivée pour son feuillage coloré et ses fleurs délicates.

Conditions de croissance : L'Oxalis triangularis préfère une lumière indirecte brillante et un sol bien drainé. Arrosez régulièrement pour maintenir le sol légèrement humide. La plante entre en dormance pendant l'hiver et nécessite moins d'arrosage pendant cette période.

2.10.4 Strelitzia reginae

La Strelitzia reginae, ou oiseau de paradis, est une plante d'intérieur spectaculaire originaire d'Afrique du Sud. Elle est appréciée pour ses grandes fleurs en forme de bec d'oiseau et ses feuilles luxuriantes.

Conditions de croissance : La Strelitzia reginae préfère une lumière indirecte brillante et un sol bien drainé. Arrosez lorsque le sol est légèrement sec et fournissez une humidité élevée. La plante peut atteindre jusqu'à 2 mètres de hauteur en intérieur, il est donc important de lui fournir suffisamment d'espace pour grandir.

2.10.5 Euphorbia tirucalli

L'Euphorbia tirucalli, également connue sous le nom d'arbre à crayons ou de plante à baguettes, est une plante succulente originaire d'Afrique et d'Amérique du Sud. Elle présente des tiges fines et allongées qui ressemblent à des crayons et peut atteindre jusqu'à 2 mètres de hauteur en intérieur.

Conditions de croissance : L'Euphorbia tirucalli préfère une lumière indirecte brillante et un sol bien drainé. Arrosez modérément pendant la saison de croissance et réduisez l'arrosage pendant la période de dormance en hiver. La plante est sensible à l'excès d'eau et peut pourrir si le sol reste trop humide.

2.10.6 Caladium

Le Caladium est une plante d'intérieur tropicale originaire d'Amérique du Sud. Elle est appréciée pour ses feuilles colorées et décoratives, qui présentent des motifs audacieux de rose, rouge, vert et blanc.

Conditions de croissance : Le Caladium préfère une lumière indirecte et un sol bien drainé. Arrosez régulièrement pour maintenir le sol humide et fournissez une humidité élevée. La plante entre en dormance pendant l'hiver et nécessite moins d'arrosage pendant cette période.

2.10.7 Begonia maculata

Le Begonia maculata, également connu sous le nom de begonia à pois, est une plante d'intérieur attrayante avec des feuilles allongées et pointues ornées de pois argentés. Elle est originaire d'Amérique du Sud et produit de petites fleurs blanches ou roses.

Conditions de croissance : Le Begonia maculata préfère une lumière indirecte brillante et un sol bien drainé. Arrosez lorsque le sol est légèrement sec et fournissez une humidité élevée. La plante est sensible à l'excès d'eau, il est donc important de ne pas trop arroser.

2.10.8 Ceropegia woodii

La Ceropegia woodii, également connue sous le nom de chaîne des cœurs, est une plante d'intérieur grimpante ou retombante originaire d'Afrique du Sud. Elle présente des feuilles en forme de cœur et des tiges délicates qui peuvent atteindre plusieurs mètres de longueur.

Conditions de croissance : La Ceropegia woodii préfère une lumière indirecte et un sol bien drainé. Arrosez modérément pendant la saison de croissance et réduisez l'arrosage pendant la période de dormance en hiver. La plante est tolérante à la sécheresse et peut être cultivée dans des conditions de faible luminosité.

2.10.9 Pachira aquatica

La Pachira aquatica, également connue sous le nom d'arbre à monnaie ou arbre de l'eau, est une plante d'intérieur tropicale originaire d'Amérique centrale et du Sud. Elle est appréciée pour ses feuilles vertes brillantes et son tronc tressé distinctif.

Conditions de croissance : LaPachira aquatica préfère une lumière indirecte et un sol bien drainé. Arrosez modérément, en laissant le sol sécher légèrement entre les arrosages. La plante est tolérante à la sécheresse et peut être cultivée dans des conditions de faible luminosité.

La Rhaphidophora tetrasperma, également connue sous le nom de plante Monstera mini, est une plante d'intérieur grimpante originaire de Malaisie et de Thaïlande. Elle est appréciée pour ses feuilles vertes découpées et sa croissance rapide.

Conditions de croissance : La Rhaphidophora tetrasperma préfère une lumière indirecte brillante et un sol bien drainé. Arrosez régulièrement pour maintenir le sol humide et fournissez une humidité élevée. La plante bénéficie d'un support pour grimper, comme un tuteur ou un treillis.

Ces plantes rares et exotiques ne représentent qu'une petite sélection des nombreuses variétés disponibles pour les amateurs de plantes d'intérieur. En faisant des recherches et en explorant différentes options, vous pouvez créer une collection unique de plantes qui ajoutera de la vie, de la couleur et de l'intérêt à votre espace de vie. N'oubliez pas de tenir compte des conditions de croissance et des besoins en matière de soins pour chaque plante, afin de garantir leur santé et leur épanouissement.

3 Conseils pour choisir les bonnes plantes

3.1 Facilité d'entretien

Lorsque vous choisissez des plantes d'intérieur rares et exotiques, il est important de tenir compte de la facilité d'entretien. Certaines plantes nécessitent des soins plus rigoureux et peuvent ne pas convenir aux jardiniers débutants ou à ceux qui n'ont pas beaucoup de temps à consacrer à l'entretien des plantes. Voici quelques conseils pour choisir des plantes qui correspondent à votre niveau d'expérience et à votre disponibilité.

3.1.1 Évaluez votre expérience en jardinage

Si vous êtes débutant en jardinage, il est préférable de choisir des plantes qui sont relativement faciles à entretenir. Recherchez des plantes qui sont tolérantes à diverses conditions d'éclairage, d'arrosage et d'humidité. Cela vous permettra d'apprendre les bases de l'entretien des plantes sans risquer de perdre des spécimens rares et coûteux.

3.1.2 Considérez le temps dont vous disposez

Certaines plantes exotiques nécessitent un entretien régulier, comme l'arrosage fréquent, la fertilisation, le rempotage et la taille. Si vous n'avez pas beaucoup de temps à consacrer à l'entretien des plantes, recherchez des variétés qui ont des besoins moins exigeants. Par exemple, les plantes succulentes et les cactus nécessitent généralement moins d'arrosage que les plantes tropicales à feuillage.

3.1.3 Tenez compte de vos conditions de vie

Les plantes d'intérieur rares et exotiques ont des exigences spécifiques en matière d'éclairage, d'humidité et de température. Avant d'acheter une plante, renseignez-vous sur ses besoins et déterminez si vous pouvez lui fournir un environnement approprié. Par exemple, si vous vivez dans un appartement avec peu de lumière naturelle, il vaut mieux choisir des plantes qui tolèrent un faible éclairage.

3.1.4 Recherchez des plantes robustes et résistantes

Certaines plantes d'intérieur rares et exotiques sont plus résistantes aux maladies et aux ravageurs que d'autres. Lors de la sélection de plantes pour votre collection, recherchez des variétés qui ont une réputation de résistance. Cela peut vous aider à éviter les problèmes de santé des plantes et à minimiser les interventions nécessaires pour traiter les infections ou les infestations.

3.1.5 Demandez des conseils aux experts

Si vous êtes incertain quant à la facilité d'entretien d'une plante en particulier, n'hésitez pas à demander des conseils aux experts. Vous pouvez poser des questions aux membres du personnel des pépinières, consulter des forums de jardinage en ligne ou rejoindre des groupes de discussion sur les réseaux sociaux dédiés aux plantes d'intérieur. Les autres passionnés de plantes seront généralement heureux de partager leurs connaissances et leurs expériences pour vous aider à choisir les meilleures plantes pour votre situation.

En tenant compte de ces conseils, vous serez en mesure de choisir des plantes d'intérieur rares et exotiques qui correspondent à votre niveau d'expérience, à votre disponibilité et à vos conditions de vie. Une fois que vous avez sélectionné les plantes qui conviennent le mieux à vos besoins, vous pouvez commencer à les intégrer dans votre collection et à profiter de leur beauté unique.

3.2   Taille adulte

Lorsque vous choisissez des plantes d'intérieur rares et exotiques, il est important de tenir compte de la taille adulte qu'elles atteindront. Certaines plantes peuvent devenir assez grandes et encombrantes, ce qui peut poser problème si vous avez un espace limité. Voici quelques conseils pour choisir des plantes qui conviendront à l'espace dont vous disposez.

3.2.1   Renseignez-vous sur la taille adulte des plantes

Avant d'acheter une plante, informez-vous sur la taille qu'elle atteindra à l'âge adulte. Cela vous aidera à déterminer si vous avez suffisamment d'espace pour accueillir la plante une fois qu'elle aura atteint sa taille maximale. Gardez à l'esprit que certaines plantes peuvent prendre plusieurs années pour atteindre leur taille adulte, tandis que d'autres peuvent grandir rapidement en peu de temps.

3.2.2 Planifiez l'espace en conséquence

Lorsque vous connaissez la taille adulte d'une plante, vous pouvez planifier l'espace dont vous disposez en conséquence. Par exemple, si vous savez qu'une plante deviendra particulièrement grande, vous pouvez lui réserver un espace suffisant dès le départ pour éviter d'avoir à la déplacer plus tard. De même, si vous avez des plantes qui resteront relativement petites, vous pouvez les placer dans des zones où l'espace est limité.

3.2.3 Pensez à la taille des pots

La taille du pot dans lequel une plante est cultivée peut également influencer sa taille adulte. Les plantes cultivées dans des pots plus petits auront généralement une croissance plus lente et resteront plus petites que celles cultivées dans des pots plus grands. Si vous souhaitez limiter la taille d'une plante, envisagez de la cultiver dans un pot plus petit et de la rempoter moins fréquemment.

3.2.4 Utilisez des techniques de taille

Si vous souhaitez contrôler la taille d'une plante, vous pouvez utiliser des techniques de taille pour encourager une croissance compacte et buissonnante. La taille régulière des pointes de croissance et l'élimination des branches mortes ou endommagées peuvent aider à maintenir une plante à une taille gérable. Toutefois, assurez-vous de vous renseigner sur les besoins spécifiques de chaque plante avant de procéder à la taille, car certaines plantes réagissent différemment à cette pratique.

En tenant compte de la taille adulte des plantes d'intérieur rares et exotiques, vous pourrez créer une collection de plantes qui s'intègre parfaitement à votre espace de vie.

3.3 Besoins en lumière

Les plantes d'intérieur rares et exotiques ont des besoins variés en matière de lumière, et il est crucial de choisir des plantes dont les exigences correspondent à la quantité de lumière disponible dans votre espace de vie. Voici quelques conseils pour sélectionner des plantes en fonction de leurs besoins en lumière.

3.3.1 Évaluez les conditions de lumière de votre espace

Avant de choisir des plantes pour votre collection, évaluez les conditions de lumière de votre espace de vie. Notez la direction des fenêtres, la quantité de lumière directe et indirecte qu'elles reçoivent, et l'ombre créée par les meubles et les murs. Cela vous aidera à déterminer quelles plantes conviendront le mieux à votre environnement.

3.3.2 Choisissez des plantes en fonction de leurs besoins en lumière

Lorsque vous connaissez les conditions de lumière de votre espace, vous pouvez choisir des plantes dont les besoins en lumière correspondent à ces conditions. Par exemple, si vous avez beaucoup de lumière indirecte brillante, vous pouvez choisir des plantes tropicales qui apprécient ce type d'éclairage. Si votre espace a peu de lumière naturelle, optez pour des plantes qui peuvent tolérer un faible éclairage.

3.3.3 Utilisez des lampes de croissance si nécessaire

Si vous n'avez pas suffisamment de lumière naturelle pour répondre aux besoins de vos plantes, envisagez d'utiliser des lampes de croissance pour compléter leur éclairage. Les lampes de croissance sont disponibles en plusieurs types, dont les lampes à LED, les lampes fluorescentes et les lampes à incandescence. Chaque type de lampe a ses avantages et ses inconvénients, alors faites des recherches pour déterminer quelle option convient le mieux à vos plantes.

3.3.4 Adaptez les besoins en lumière au fil du temps

Les besoins en lumière d'une plante peuvent changer au fil du temps, en particulier lorsqu'elle grandit et se développe. Surveillez régulièrement la santé de vos plantes et ajustez leur emplacement ou leur éclairage si nécessaire pour répondre à leurs besoins changeants.

En tenant compte des besoins en lumière de vos plantes d'intérieur rares et exotiques, vous pourrez créer un environnement propice à leur santé et à leur croissance.

3.4 Exigences en matière d'humidité

L'humidité joue un rôle important dans la santé des plantes d'intérieur rares et exotiques. Certaines plantes nécessitent une humidité élevée pour prospérer, tandis que d'autres préfèrent un environnement plus sec. Voici quelques conseils pour choisir des plantes en fonction de leurs besoins en humidité.

3.4.1 Renseignez-vous sur les besoins en humidité des plantes

Avant d'acheter une plante, informez-vous sur ses besoins en humidité. Les plantes tropicales, par exemple, ont souvent besoin d'une humidité élevée pour imiter leur environnement naturel, tandis que les plantes succulentes et les cactus préfèrent des conditions plus sèches.

3.4.2 Adaptez l'humidité de votre espace aux besoins des plantes

Une fois que vous connaissez les besoins en humidité de vos plantes, vous pouvez prendre des mesures pour adapter l'humidité de votre espace de vie en conséquence. Si vous avez des plantes qui nécessitent une humidité élevée, vous pouvez utiliser un humidificateur pour augmenter l'humidité de l'air ou placer un plateau d'eau sous les pots de plantes pour créer un microclimat plus humide. Pour les plantes qui préfèrent un environnement plus sec, vous pouvez les placer dans des zones moins humides de votre maison ou utiliser un déshumidificateur pour réduire l'humidité ambiante.

3.4.3 Regroupez les plantes ayant des besoins similaires en humidité

Pour faciliter la gestion de l'humidité, regroupez les plantes ayant des besoins similaires en matière d'humidité. En plaçant les plantes qui préfèrent une humidité élevée ensemble et celles qui préfèrent un environnement plus sec ensemble, vous pourrez créer des microclimats adaptés à leurs besoins spécifiques.

3.4.4 Surveillez l'humidité régulièrement

Il est important de surveiller régulièrement l'humidité de votre espace de vie pour vous assurer qu'elle répond aux besoins de vos plantes. Utilisez un hygromètre pour mesurer l'humidité ambiante et ajustez-la en conséquence si nécessaire. Gardez à l'esprit que l'humidité peut varier en fonction des saisons, des conditions météorologiques et de l'utilisation de systèmes de chauffage ou de climatisation, il est donc important de surveiller et d'ajuster l'humidité tout au long de l'année.

En tenant compte des besoins en humidité de vos plantes d'intérieur rares et exotiques, vous pourrez créer un environnement propice à leur santé et à leur croissance. Le choix de plantes adaptées à l'humidité de votre espace de vie et la mise en place de mesures pour gérer l'humidité vous permettront de profiter de plantes saines et heureuses.

4 Cultiver des plantes d'intérieur rares et exotiques

4.1 Techniques de semis

Les semis sont l'une des méthodes les plus courantes pour cultiver des plantes d'intérieur rares et exotiques. Cette section vous guidera à travers les différentes étapes du processus de semis, y compris la préparation des graines, la sélection du bon substrat, la plantation des graines et les soins aux jeunes plantules.

4.1.1 Préparation des graines

La préparation des graines est une étape cruciale dans le processus de semis. Selon le type de plante, la préparation des graines peut inclure le trempage, le scarifiage ou l'écorçage. Ces traitements aident à briser la dormance des graines et à accélérer la germination.

- Trempage : Pour certaines graines, il suffit de les tremper dans l'eau pendant une période déterminée (généralement 12 à 24 heures) avant la plantation. Le trempage aide à ramollir la coque externe de la graine et à faciliter la germination.
- Scarification : Le scarifiage consiste à gratter légèrement la coque de la graine

pour faciliter la pénétration de l'eau. Cela peut être fait avec un couteau, une lime à ongles ou du papier de verre fin.

- Écorçage : L'écorçage implique de retirer complètement la coque externe de la graine, généralement à l'aide d'un couteau. Cette méthode est utilisée pour les graines avec des coques particulièrement dures ou imperméables à l'eau.

4.1.2 Sélection du bon substrat

Le choix du bon substrat pour vos semis est essentiel pour assurer une germination réussie. Un bon substrat de semis doit être léger, bien drainant et exempt de maladies et de ravageurs. Les mélanges de semis commerciaux sont généralement une bonne option, mais vous pouvez également créer votre propre mélange en combinant du terreau, de la vermiculite, de la perlite et de la mousse de tourbe.

4.1.3 Plantation des graines

Une fois que vous avez préparé vos graines et sélectionné le bon substrat, il est temps de planter vos graines. Suivez ces étapes pour planter vos graines avec succès :

1. Remplissez des pots ou des plateaux de semis avec le substrat préparé, en tassant légèrement pour éliminer les poches d'air.

2. Plantez les graines à la profondeur recommandée, généralement environ deux fois la taille de la graine. Pour les graines très petites, il suffit de les presser légèrement dans la surface du substrat.

3. Arrosez le substrat délicatement avec un vaporisateur pour éviter de déloger les graines. Gardez le substrat uniformément humide mais pas détrempé.

4. Couvrez les pots ou les plateaux de semis avec un couvercle en plastique transparent ou un film plastique pour conserver l'humidité et la chaleur.

4.1.4 Soins aux jeunes plantules

Après la germination, les jeunes plantules nécessitent des soins attentifs pour assurer une croissance saine. Voici quelques conseils pour prendre soin de vos jeunes plantules :

1. Éclairage : Les plantules ont besoin de beaucoup de lumière pour grandir correctement. Placez-les dans un endroit bien éclairé, près d'une fenêtre orientée sud ou sous des lampes de culture.

Assurez-vous qu'ils reçoivent au moins 12 à 16 heures de lumière par jour.

2. Température : La plupart des plantules préfèrent des températures comprises entre 18 et 24 degrés Celsius (65 à 75 degrés Fahrenheit). Assurez-vous de maintenir une température stable dans cette plage pour favoriser une croissance saine.

3. Arrosage : Arrosez les plantules avec précaution pour éviter de les endommager. Utilisez un vaporisateur pour maintenir le substrat uniformément humide, mais pas détrempé. À mesure que les plantules grandissent, vous pouvez commencer à arroser avec un petit arrosoir à bec fin.

4. Fertilisation : Les plantules ont besoin de nutriments pour grandir et se développer. Une fois qu'elles ont développé leur première paire de vraies feuilles, commencez à fertiliser avec un engrais liquide faiblement dosé, en suivant les instructions du fabricant.

5. Éclaircissage et repiquage : Si vous avez semé plusieurs graines par pot, vous devrez éclaircir les plantules pour leur donner suffisamment d'espace pour grandir. Choisissez les plantules les plus fortes et les plus saines, et retirez délicatement les autres avec une paire de ciseaux. Lorsque les plantules ont

développé plusieurs ensembles de vraies feuilles et sont suffisamment robustes, vous pouvez les repiquer dans des pots individuels contenant un mélange de terreau approprié pour leur croissance continue.

En suivant ces conseils et en prêtant une attention particulière aux besoins spécifiques de vos plantes d'intérieur rares et exotiques, vous serez en mesure de cultiver avec succès des plantules saines et robustes qui, avec le temps, deviendront des spécimens adultes magnifiques et uniques.

4.2 Bouturage

Le bouturage est une autre méthode populaire pour cultiver des plantes d'intérieur rares et exotiques. Il s'agit de prélever une partie de la plante, généralement une tige ou une feuille, et de laisser les racines se développer avant de la replanter. Voici quelques étapes clés pour réussir le bouturage de vos plantes :

4.2.1 Prélever une bouture

Choisissez une plante saine et vigoureuse pour prélever une bouture. Utilisez des ciseaux ou un couteau bien aiguisé et stérilisé pour couper une tige ou une feuille à la base. Assurez-vous que la bouture a au moins deux nœuds (points où les feuilles ou les racines peuvent se développer) et plusieurs feuilles saines.

4.2.2 Préparer la bouture

Retirez les feuilles inférieures de la bouture, en ne laissant que quelques feuilles près de l'extrémité. Pour certaines plantes, il peut être utile de tremper l'extrémité coupée de la bouture dans une hormone d'enracinement en poudre pour favoriser la formation de racines.

4.2.3 Planter la bouture

Plantez la bouture dans un pot rempli d'un mélange de terreau léger et bien drainant, en enfonçant l'extrémité coupée dans le substrat jusqu'au premier nœud. Pour certaines plantes, il peut être préférable de commencer l'enracinement dans l'eau. Dans ce cas, placez l'extrémité coupée de la bouture dans un récipient d'eau, en veillant à ce que les feuilles restantes ne touchent pas l'eau.

4.2.4 Prendre soin de la bouture

Gardez le substrat humide, mais pas détrempé, et placez la bouture dans un endroit chaud et lumineux, à l'abri de la lumière directe du soleil. Vous pouvez également couvrir le pot avec un sac en plastique ou un couvercle transparent pour maintenir une humidité élevée autour de la bouture. Vérifiez régulièrement l'eau si vous enracinez dans l'eau et changez-la toutes les semaines pour éviter la formation d'algues et de bactéries.

4.2.5 Transplantation

Une fois que la bouture a développé un système racinaire solide, généralement après plusieurs semaines, elle peut être transplantée dans un pot plus grand avec un mélange de terreau approprié pour sa croissance continue. Assurez-vous de bien arroser la plante après la transplantation pour aider à établir les racines dans le nouveau pot.

En suivant ces étapes, vous pouvez réussir à bouturer et à cultiver des plantes d'intérieur rares et exotiques, en créant de nouvelles plantes à partir de vos spécimens existants ou en échangeant des boutures avec d'autres amateurs de plantes.

4.3 Greffage

Le greffage est une méthode plus avancée de propagation des plantes d'intérieur rares et exotiques. Il consiste à joindre deux plantes ensemble pour qu'elles grandissent comme une seule plante. Cette technique est souvent utilisée pour combiner les caractéristiques souhaitables de deux plantes différentes, comme la vigueur d'une plante porte-greffe et la beauté ou la rareté d'une plante greffée. Voici quelques étapes clés pour réussir le greffage de vos plantes :

4.3.1 Choisir les plantes

Choisissez une plante porte-greffe saine et vigoureuse, de préférence une plante bien établie avec un tronc solide et un bon système racinaire. La plante greffée, ou greffon, doit également être saine et avoir une tige ou une branche appropriée pour le greffage.

4.3.2 Préparation des plantes

Stérilisez un couteau bien aiguisé ou un greffoir et coupez la tige ou la branche de la plante porte-greffe à un angle de 45 degrés. Faites une incision en forme de V ou de coin à l'extrémité coupée du greffon.

4.3.3 Joindre les plantes

Insérez le greffon dans la coupe de la plante porte-greffe de manière à ce que les cambiums (couches de cellules de croissance) des deux plantes se touchent. Les cambiums sont généralement situés juste sous l'écorce des plantes.

4.3.4 Fixation du greffon

Fixez le greffon en place en enroulant du ruban de greffage ou du film plastique étirable autour de la jonction pour maintenir les deux plantes ensemble. Assurez-vous que le ruban est suffisamment serré pour maintenir les cambiums en contact, mais pas trop serré pour ne pas endommager les tissus des plantes.

4.3.5 Soins après le greffage

Placez la plante greffée dans un endroit chaud et lumineux, à l'abri de la lumière directe du soleil. Arrosez régulièrement pour maintenir le sol humide mais pas détrempé. Surveillez attentivement la jonction du greffage et retirez tout bourgeon ou croissance indésirable qui pourrait apparaître sur la plante porte-greffe.

Après quelques semaines, si le greffage réussit, les deux plantes fusionneront et continueront à grandir ensemble. Une fois que la jonction est complètement guérie et que le greffon montre une croissance saine, vous pouvez enlever le ruban de greffage ou le film plastique.

Le greffage peut être une méthode de propagation passionnante et gratifiante pour les plantes d'intérieur rares et exotiques, bien que plus complexe que le semis ou le bouturage. Avec de la patience et de la pratique, vous pouvez maîtriser cette technique pour créer des spécimens uniques et fascinants dans votre collection de plantes.

4.4 Division

La division est une méthode simple et efficace pour propager certaines plantes d'intérieur rares et exotiques, en particulier celles qui forment des touffes ou des rhizomes. Cette technique consiste à séparer une plante en plusieurs parties, chacune avec son propre système racinaire, qui peuvent ensuite être replantées pour former de nouvelles plantes. Voici quelques étapes clés pour réussir la division de vos plantes :

4.4.1 Choisir la plante

Sélectionnez une plante saine et bien établie qui présente des signes de croissance active, comme de nouvelles pousses ou des racines émergentes. La plante doit être suffisamment grande pour être divisée en plusieurs parties sans causer de stress excessif.

4.4.2 Retirer la plante du pot

Retirez délicatement la plante de son pot, en veillant à ne pas endommager les racines. Si les racines sont emmêlées ou compactées, vous devrez peut-être les desserrer légèrement avec vos doigts ou un outil approprié.

4.4.3 Séparer la plante

Identifiez les sections naturelles de la plante, comme les touffes ou les rhizomes, et séparez-les délicatement en tirant ou en coupant avec un couteau propre et tranchant. Assurez-vous que chaque division a suffisamment de racines et de feuilles pour soutenir une croissance saine.

4.4.4 Replanter les divisions

Plantez chaque division dans un nouveau pot rempli d'un mélange de terreau adapté à la plante. Arrosez bien les divisions pour aider à établir les racines dans le nouveau substrat et placez-les dans un endroit chaud et lumineux, à l'abri de la lumière directe du soleil.

4.4.5 Soins après la division

Surveillez attentivement les divisions au cours des premières semaines pour vous assurer qu'elles s'adaptent bien à leur nouvel environnement. Maintenez un arrosage régulier et un bon niveau d'humidité pour favoriser la croissance des racines et le développement des nouvelles pousses.

La division est une méthode de propagation rapide et facile pour les plantes d'intérieur rares et exotiques qui se prêtent à cette technique. En séparant et en replantant les divisions, vous pouvez rapidement augmenter votre collection de plantes et partager vos spécimens préférés avec d'autres amateurs de plantes.

5 Entretien et soins des plantes d'intérieur rares et exotiques

Prendre soin de plantes d'intérieur rares et exotiques peut être un défi gratifiant qui, lorsqu'il est bien fait, permet à ces plantes uniques de prospérer et de se développer. Dans cette section, nous aborderons en détail les aspects les plus importants de l'entretien et des soins des plantes rares et exotiques, en commençant par l'arrosage.

5.1 Arrosage

L'arrosage est l'un des aspects les plus critiques et souvent les plus délicats de l'entretien des plantes d'intérieur rares et exotiques. Chaque type de plante a des besoins en eau spécifiques, et il est crucial de trouver le bon équilibre entre un arrosage suffisant et un excès d'eau. Dans cette section, nous discuterons des principes généraux de l'arrosage et des méthodes d'adaptation aux besoins particuliers de chaque plante.

5.1.1 Principes généraux

Voici quelques principes généraux à garder à l'esprit lors de l'arrosage des plantes d'intérieur rares et exotiques :

1. Apprenez les besoins en eau de chaque plante : Renseignez-vous sur les besoins en eau spécifiques de chaque type de plante rare et exotique dans votre collection. Certaines plantes nécessitent un sol constamment humide, tandis que

d'autres préfèrent un sol légèrement sec entre les arrosages.

2. Utilisez un terreau bien drainant : Pour éviter la pourriture des racines et d'autres problèmes liés à l'excès d'eau, utilisez un terreau bien drainant qui permet à l'eau de s'écouler rapidement. Les mélanges de terreau spécialement conçus pour les plantes d'intérieur sont généralement un bon choix.

3. Arrosez profondément, mais moins fréquemment : Il est généralement préférable d'arroser abondamment, de sorte que l'eau atteigne les racines profondes, puis d'attendre que le terreau sèche partiellement avant d'arroser à nouveau. Cela encourage un enracinement profond et sain et aide à prévenir la pourriture des racines.

4. Vérifiez l'humidité du sol : Plutôt que de suivre un calendrier d'arrosage strict, vérifiez régulièrement l'humidité du sol pour déterminer si vos plantes ont besoin d'eau. Insérez un doigt dans le sol jusqu'à la première jointure; si le sol est sec à cette profondeur, il est temps d'arroser.

5. Adaptez l'arrosage aux saisons : Les plantes d'intérieur rares et exotiques ont généralement besoin de moins d'eau pendant les mois d'hiver, lorsque leur croissance ralentit. Réduisez la fréquence

d'arrosage pendant cette période pour éviter les problèmes d'excès d'eau.

6. Utilisez de l'eau à température ambiante : Les plantes rares et exotiques peuvent être sensibles aux chocs thermiques. Utilisez de l'eau à température ambiante pour arroser vos plantes afin d'éviter les fluctuations de température soudaines qui pourraient les stresser.

7. Évitez de mouiller le feuillage : Lorsque vous arrosez vos plantes, essayez de diriger l'eau directement sur le sol plutôt que sur le feuillage. Mouiller le feuillage peut entraîner des problèmes tels que la pourriture des feuilles et la propagation des maladies.

8. Faites attention aux signes de stress hydrique : Les plantes peuvent montrer des signes de stress lorsqu'elles reçoivent trop ou trop peu d'eau. Apprenez à reconnaître ces signes (comme les feuilles jaunissantes, la chute des feuilles ou le flétrissement) et ajustez votre arrosage en conséquence.

5.1.2 Méthodes d'arrosage spécifiques aux plantes

Chaque plante d'intérieur rare et exotique a ses propres besoins en matière d'arrosage. Voici quelques conseils d'arrosage spécifiques à certaines plantes populaires :

1. Alocasia : Les Alocasia préfèrent un sol constamment humide, mais pas détrempé. Arrosez lorsque le sol est légèrement sec au toucher, mais ne laissez jamais le sol se dessécher complètement.
2. Anthurium : Les Anthurium ont besoin d'un sol humide mais bien drainé. Arrosez lorsque le terreau est presque sec au toucher. Évitez de laisser le sol se dessécher complètement, car cela pourrait endommager les racines.
3. Calathea : Les Calathea préfèrent un sol humide, mais pas détrempé. Arrosez régulièrement pour maintenir l'humidité, en laissant le sol sécher légèrement entre les arrosages.
4. Hoya : Les Hoya sont des plantes succulentes et ont besoin de moins d'eau que de nombreuses autres plantes exotiques. Laissez le sol sécher complètement entre les arrosages pour éviter la pourriture des racines.
5. Monstera : Les Monstera préfèrent un sol humide mais bien drainé. Arrosez lorsque le sol est sec au toucher, en veillant à ce que l'eau s'écoule correctement.

6. Philodendron : Les Philodendron ont besoin d'un sol humide mais bien drainé. Arrosez lorsque le terreau est presque sec au toucher.
7. Pilea : Les Pilea préfèrent un sol légèrement humide, mais pas détrempé. Arrosez lorsque le sol est légèrement sec au toucher.
8. String of Hearts : Les String of Hearts sont des plantes succulentes et ont besoin de moins d'eau que de nombreuses autres plantes exotiques. Laissez le sol sécher complètement entre les arrosages pour éviter la pourriture des racines.
9. ZZ Plant : Les ZZ Plant sont très tolérantes à la sécheresse et préfèrent un arrosage modéré. Laissez le sol sécher complètement entre les arrosages.

En conclusion, l'arrosage est un aspect essentiel de l'entretien des plantes d'intérieur rares et exotiques. En comprenant les besoins en eau spécifiques de chaque plante et en appliquant les principes généraux d'arrosage, vous pouvez aider vos plantes à prospérer et à rester en bonne santé. Il est important de surveiller attentivement vos plantes et d'ajuster l'arrosage en fonction de leur réaction et de leur croissance. Avec de la patience et de la persévérance, vous deviendrez un expert dans l'entretien et les soins de ces plantes uniques.

5.2 Fertilisation

La fertilisation est un autre aspect crucial de l'entretien des plantes d'intérieur rares et exotiques. Les plantes d'intérieur ont besoin de nutriments pour soutenir leur croissance, leur floraison et leur santé globale. Dans cette section, nous aborderons les éléments de base de la fertilisation et comment adapter ces principes aux besoins spécifiques de vos plantes rares et exotiques.

5.2.1 Principes généraux de la fertilisation

Voici quelques principes généraux à garder à l'esprit lors de la fertilisation des plantes d'intérieur rares et exotiques :

1. Utilisez un engrais équilibré : Pour la plupart des plantes d'intérieur rares et exotiques, un engrais équilibré avec une formulation N-P-K (azote, phosphore, potassium) de 10-10-10 ou 14-14-14 est approprié. L'azote favorise la croissance des feuilles, le phosphore soutient la floraison et le développement des racines, et le potassium renforce la résistance aux maladies et aux ravageurs.
2. Suivez les recommandations de dosage : Lisez attentivement les instructions de

l'engrais et suivez les recommandations de dosage. Une sur-fertilisation peut être nocive pour vos plantes et peut entraîner une croissance excessive, des brûlures des racines et des problèmes de santé.

3. Fertilisez pendant la saison de croissance : La plupart des plantes d'intérieur rares et exotiques ont une période de croissance active pendant les mois les plus chauds et ensoleillés, généralement du printemps à l'été. C'est pendant cette période que vous devriez fertiliser vos plantes, car elles ont besoin de nutriments supplémentaires pour soutenir leur croissance.

4. Réduisez la fertilisation pendant la dormance : Les plantes d'intérieur rares et exotiques ont généralement une période de dormance pendant les mois d'hiver, lorsque leur croissance ralentit. Pendant cette période, réduisez la fertilisation ou arrêtez complètement de fertiliser vos plantes, car elles ont besoin de moins de nutriments.

5. Appliquez l'engrais de manière uniforme : Lorsque vous fertilisez vos plantes, assurez-vous de répartir l'engrais uniformément sur le sol pour éviter la concentration de nutriments dans un seul endroit, ce qui pourrait endommager les racines.

6. Fertilisez après l'arrosage : Il est préférable de fertiliser vos plantes après les avoir arrosées. Cela aide à prévenir les brûlures des racines causées par l'engrais concentré et garantit une répartition uniforme des nutriments dans le sol.

7. Adaptez la fertilisation aux besoins spécifiques de chaque plante : Certaines plantes d'intérieur rares et exotiques peuvent avoir des besoins en nutriments spécifiques. Renseignez-vous sur les besoins de chaque type de plante et ajustez la fertilisation en conséquence.

5.2.2 Fertilisation spécifique aux plantes

Chaque type de plante d'intérieur rare et exotique a ses propres besoins en matière de fertilisation. Voici quelques conseils de fertilisation spécifiques à certaines plantes populaires :

1. Alocasia : Les Alocasia ont besoin d'un engrais riche en azote pour favoriser la croissance des feuilles. Fertilisez avec un engrais équilibré tous les deux mois pendant la saison de croissance.

2. Anthurium : Les Anthurium préfèrent un engrais riche en phosphore pour encourager la floraison. Fertilisez tous les

deux mois pendant la saison de croissance avec un engrais équilibré.

3. Calathea : Les Calathea ont besoin d'un engrais équilibré pour soutenir leur croissance. Fertilisez tous les deux mois pendant la saison de croissance.

4. Hoya : Les Hoya préfèrent un engrais riche en phosphore pour encourager la floraison. Fertilisez tous les deux mois pendant la saison de croissance avec un engrais équilibré.

5. Monstera : Les Monstera ont besoin d'un engrais équilibré pour soutenir leur croissance. Fertilisez tous les deux mois pendant la saison de croissance.

6. Philodendron : Les Philodendron préfèrent un engrais riche en azote pour favoriser la croissance des feuilles. Fertilisez tous les deux mois pendant la saison de croissance avec un engrais équilibré.

7. Pilea : Les Pilea ont besoin d'un engrais équilibré pour soutenir leur croissance. Fertilisez tous les deux mois pendant la saison de croissance.

8. String of Hearts : Les String of Hearts sont des plantes succulentes et ont besoin de moins de fertilisation que de nombreuses autres plantes exotiques. Fertilisez tous les trois mois pendant la saison de croissance avec un engrais équilibré.

9. ZZ Plant : Les ZZ Plant ont besoin d'un engrais équilibré pour soutenir leur croissance. Fertilisez tous les deux mois pendant la saison de croissance.

En résumé, la fertilisation est un aspect essentiel de l'entretien des plantes d'intérieur rares et exotiques. En comprenant les besoins en nutriments spécifiques de chaque plante et en appliquant les principes généraux de fertilisation, vous pouvez aider vos plantes à prospérer et à rester en bonne santé. Comme pour l'arrosage, il est important de surveiller attentivement vos plantes et d'ajuster la fertilisation en fonction de leur réaction et de leur croissance.

5.3 Rempotage

Le rempotage est une partie importante de l'entretien des plantes d'intérieur rares et exotiques. À mesure que les plantes grandissent, elles peuvent dépasser leur contenant d'origine et avoir besoin d'un espace supplémentaire pour se développer et s'épanouir. Dans cette section, nous aborderons les bases du rempotage et comment adapter ces principes aux besoins spécifiques de vos plantes rares et exotiques.

5.3.1 Principes généraux du rempotage

Voici quelques principes généraux à garder à l'esprit lors du rempotage des plantes d'intérieur rares et exotiques :

1. Choisissez le bon moment : Le meilleur moment pour rempoter la plupart des plantes d'intérieur rares et exotiques est pendant leur saison de croissance active, généralement au printemps ou en été. Cela permet aux plantes de s'adapter plus facilement à leur nouvel environnement et de se remettre du stress du rempotage.

2. Sélectionnez un nouveau pot approprié : Lorsque vous choisissez un nouveau pot, optez pour un pot légèrement plus grand que l'ancien. Un pot trop grand peut retenir trop d'eau et provoquer la pourriture des racines. Assurez-vous également que le nouveau pot a des trous de drainage pour éviter l'accumulation d'eau.

3. Utilisez un terreau de qualité : Lors du rempotage, utilisez un terreau de qualité adapté aux besoins spécifiques de votre plante. Certains mélanges de terreau sont spécialement conçus pour les plantes d'intérieur rares et exotiques et peuvent contenir des ingrédients tels que l'écorce de pin, la perlite et la

vermiculite pour favoriser un bon drainage et la rétention d'humidité.

4. Préparez la plante : Avant de rempoter, retirez délicatement la plante de son pot actuel et secouez doucement le terreau en excès des racines. Inspectez les racines et retirez les racines mortes ou pourries avec des ciseaux propres et stérilisés.

5. Placez la plante dans le nouveau pot : Placez une couche de terreau frais dans le fond du nouveau pot, puis positionnez la plante de manière à ce que le sommet de la motte de racines soit légèrement en dessous du bord du pot. Remplissez le reste du pot avec du terreau frais, en tassant légèrement pour éliminer les poches d'air.

6. Arrosez la plante : Après avoir rempoté, arrosez soigneusement la plante pour aider à établir les racines dans le nouveau terreau. Veillez à ne pas trop arroser, car cela pourrait provoquer la pourriture des racines.

7. Surveillez la croissance : Surveillez attentivement la croissance de la plante après le rempotage et ajustez les soins en conséquence. Certaines plantes peuvent nécessiter un arrosage plus fréquent ou moins fréquent, ou une fertilisation différente après le rempotage.

En suivant ces principes généraux, vous pouvez rempoter avec succès vos plantes d'intérieur rares et exotiques, leur permettant de continuer à se développer et à prospérer dans leur nouvel environnement.

5.4 Taille

La taille est une étape importante pour maintenir la forme et la santé de vos plantes d'intérieur rares et exotiques. La taille régulière favorise une croissance saine, élimine les parties mortes ou malades et encourage la floraison et la croissance de nouvelles feuilles. Dans cette section, nous aborderons les bases de la taille et comment l'adapter aux besoins spécifiques de vos plantes rares et exotiques.

5.4.1 Principes généraux de la taille

Voici quelques principes généraux à garder à l'esprit lors de la taille des plantes d'intérieur rares et exotiques :

1. Utilisez des outils propres et tranchants : Lors de la taille, assurez-vous d'utiliser des outils propres et tranchants pour éviter d'endommager les plantes et de propager des maladies. Désinfectez vos outils avant et après chaque utilisation.

2. Taillez pendant la saison de croissance : La meilleure période pour tailler la plupart des plantes d'intérieur rares et exotiques est pendant leur saison de croissance active, généralement au printemps ou en été. Cela permet aux plantes de se rétablir rapidement après la taille et de continuer à croître.

3. Éliminez les parties mortes ou malades : Inspectez régulièrement vos plantes et éliminez toutes les feuilles, tiges ou fleurs mortes, endommagées ou malades. Cela permettra d'éviter la propagation des maladies et de favoriser une croissance saine.

4. Taillez pour maintenir la forme et la taille : Taillez vos plantes pour maintenir leur forme et leur taille souhaitées. Cela peut impliquer de couper les tiges trop longues ou de supprimer les pousses latérales indésirables.

5. Encouragez la ramification : En taillant les extrémités des tiges, vous pouvez encourager la ramification et une croissance plus dense. Cela peut être particulièrement utile pour les plantes d'intérieur rares et exotiques qui ont tendance à avoir une croissance légère et éparse.

En suivant ces principes généraux, vous pouvez tailler efficacement vos plantes d'intérieur rares et exotiques pour favoriser une croissance saine et une apparence attrayante.

5.5 Prévention des maladies et des ravageurs

Les plantes d'intérieur rares et exotiques peuvent être sensibles à diverses maladies et ravageurs. Dans cette section, nous aborderons les mesures préventives que vous pouvez prendre pour protéger vos plantes et maintenir leur santé.

1. Maintenez une bonne hygiène : Gardez votre espace de culture propre et bien rangé pour minimiser les risques de maladies et d'infestations. Retirez régulièrement les feuilles mortes et les débris, et nettoyez les surfaces autour de vos plantes.

2. Isolation des plantes nouvellement acquises : Lorsque vous introduisez de nouvelles plantes dans votre collection, isolez-les des autres plantes pendant quelques semaines pour vous assurer qu'elles ne portent pas de maladies ou de ravageurs. Cela permet de réduire le risque de propagation d'éventuels problèmes à votre collection existante.

3. Contrôle régulier des plantes : Inspectez régulièrement vos plantes pour détecter

les signes de maladies ou de ravageurs, tels que les feuilles jaunies, décolorées ou déformées, les taches, les toiles d'araignées ou les insectes visibles. Une détection précoce des problèmes peut faciliter leur traitement et prévenir leur propagation.

4. Assurez une bonne circulation d'air : Une circulation d'air adéquate autour de vos plantes peut aider à prévenir les problèmes de maladies fongiques, comme la pourriture des racines et le mildiou. Évitez de surcharger vos plantes et assurez-vous que l'air puisse circuler librement entre elles.

5. Utilisez des produits de traitement appropriés : Si vous constatez des signes de maladies ou de ravageurs, traitez rapidement avec des produits appropriés. Pour les plantes d'intérieur rares et exotiques, il est préférable d'utiliser des traitements biologiques ou à faible impact, tels que les savons insecticides, les huiles horticoles et les fongicides naturels.

6. Pratiquez une bonne gestion de l'eau : L'excès d'humidité peut favoriser le développement de maladies fongiques. Veillez à ne pas trop arroser vos plantes et assurez-vous que le terreau sèche légèrement entre les arrosages. Utilisez

des pots avec des trous de drainage pour éviter l'accumulation d'eau.

7. Fournir des conditions de croissance optimales : Les plantes en bonne santé sont généralement plus résistantes aux maladies et aux ravageurs. Assurez-vous de fournir à vos plantes d'intérieur rares et exotiques les conditions de croissance optimales en termes de lumière, d'humidité, de température et de nutrition.

En suivant ces conseils, vous pouvez réduire le risque de maladies et de ravageurs et maintenir vos plantes d'intérieur rares et exotiques en bonne santé et heureuses.

En conclusion, l'entretien et les soins des plantes d'intérieur rares et exotiques peuvent sembler intimidants, mais en suivant les conseils et les techniques décrits dans ce chapitre, vous serez bien équipé pour assurer la santé et la beauté de vos plantes. Arrosage, fertilisation, rempotage, taille et prévention des maladies et des ravageurs sont tous des éléments essentiels à prendre en compte pour réussir dans la culture de ces plantes uniques et fascinantes.

6 Création d'un environnement idéal

Maintenir un environnement idéal pour vos plantes d'intérieur rares et exotiques est crucial pour leur croissance et leur épanouissement. Dans ce chapitre, nous discuterons des conditions de température, d'humidité et de lumière optimales pour ces plantes uniques.

6.1 Conditions de température

Les plantes d'intérieur rares et exotiques proviennent souvent de climats tropicaux ou subtropicaux et ont généralement des préférences de température spécifiques. Voici quelques conseils pour maintenir des températures appropriées pour vos plantes :

1. Comprendre les besoins en température de chaque plante : Les besoins en température varient d'une plante à l'autre. Renseignez-vous sur les conditions de température optimales pour chaque espèce de votre collection et ajustez en conséquence.
2. Maintenir une température constante : Les plantes d'intérieur rares et exotiques préfèrent généralement des températures constantes et stables, sans fluctuations importantes. Essayez de

maintenir une température ambiante stable, en évitant les courants d'air froid ou les sources de chaleur directe.

3. Prendre en compte la température nocturne : Certaines plantes ont besoin d'une légère baisse de température la nuit pour favoriser la croissance et la floraison. Vérifiez les besoins spécifiques de chaque plante et ajustez la température nocturne en conséquence.

6.2 Humidité

L'humidité est un facteur important pour la santé des plantes d'intérieur rares et exotiques. Voici quelques conseils pour maintenir un niveau d'humidité approprié pour vos plantes :

1. Utilisez un hygromètre : Un hygromètre est un instrument qui mesure l'humidité relative de l'air. Utilisez un hygromètre pour surveiller l'humidité de votre espace de culture et ajuster en conséquence.

2. Utilisez un humidificateur : Si l'air de votre espace de culture est trop sec, utilisez un humidificateur pour augmenter l'humidité. Assurez-vous de le nettoyer régulièrement pour éviter la

croissance de moisissures et de bactéries.

3. Créez un microclimat : Placez vos plantes sur des plateaux de galets humides ou regroupez-les pour créer un microclimat d'humidité plus élevée. Évitez cependant que l'eau n'entre en contact direct avec les racines pour prévenir la pourriture.

4. Brumisation : Vous pouvez également augmenter l'humidité en brumisant régulièrement vos plantes avec de l'eau. Assurez-vous de n'utiliser que de l'eau propre et non calcaire pour éviter les dépôts sur les feuilles.

6.3 Lumière

La lumière est un facteur crucial pour la croissance et la santé des plantes d'intérieur rares et exotiques. Voici quelques conseils pour fournir un éclairage approprié à vos plantes :

1. Comprendre les besoins en lumière de chaque plante : Les besoins en lumière varient d'une plante à l'autre. Renseignez-vous sur les conditions d'éclairage optimales pour chaque espèce de votre collection et ajustez en conséquence.

2. Utilisez la lumière naturelle : Placez vos plantes près de fenêtres bien exposées

pour profiter de la lumière naturelle. Tenez compte de l'orientation de la fenêtre (nord, sud, est ou ouest) et des besoins spécifiques en lumière de chaque plante.

3. Filtrer la lumière directe du soleil : Certaines plantes d'intérieur rares et exotiques préfèrent la lumière indirecte plutôt que la lumière directe du soleil, qui peut causer des brûlures sur les feuilles. Utilisez des rideaux ou des stores pour filtrer la lumière directe du soleil et protéger vos plantes.

4. Utilisez un éclairage artificiel : Si la lumière naturelle est insuffisante, utilisez un éclairage artificiel, tel que des lampes de croissance à LED, pour compléter l'éclairage de vos plantes. Assurez-vous de choisir des lampes adaptées aux besoins spécifiques de vos plantes et de les placer à une distance appropriée.

En résumé, la création d'un environnement idéal pour vos plantes d'intérieur rares et exotiques est essentielle pour leur croissance et leur bien-être. En fournissant des conditions de température, d'humidité et de lumière optimales, vous favoriserez la santé et la beauté de votre collection de plantes uniques.

7 Astuces pour encourager la floraison

La floraison des plantes d'intérieur rares et exotiques est souvent un moment très attendu pour les passionnés de plantes. Dans ce chapitre, nous explorerons des conseils spécifiques pour encourager la floraison de certaines plantes rares et exotiques.

7.1 Fournir des conditions de croissance optimales

Assurez-vous que vos plantes reçoivent les bonnes conditions de croissance, notamment en termes de lumière, d'humidité, de température et de nutrition. Les plantes qui sont stressées ou qui ne reçoivent pas les conditions appropriées peuvent ne pas fleurir.

7.2 Périodes de repos

Certaines plantes d'intérieur rares et exotiques nécessitent une période de repos pour fleurir. Pendant cette période, elles ont besoin de conditions de température et de lumière spécifiques pour encourager la floraison. Renseignez-vous sur les besoins de repos de chaque plante et ajustez les conditions en conséquence.

7.3 Fertilisation

La fertilisation est un facteur important pour encourager la floraison de vos plantes d'intérieur rares et exotiques. Utilisez un engrais équilibré ou spécifique à la floraison pour fournir les nutriments nécessaires à la production de fleurs.

7.4 Taille et élagage

La taille et l'élagage réguliers peuvent encourager la floraison en favorisant une croissance saine et en stimulant la production de bourgeons floraux. Taillez les plantes selon leurs besoins spécifiques pour encourager la floraison.

En suivant ces conseils et en adaptant les soins aux besoins spécifiques de chaque plante, vous pouvez encourager la floraison de vos plantes d'intérieur rares et exotiques et profiter de leur beauté unique.

8   Trouver et acheter des plantes rares :

L'acquisition de plantes d'intérieur rares et exotiques peut être un défi passionnant pour les collectionneurs et les amateurs de plantes. Dans ce chapitre, nous explorerons quelques options pour trouver et acheter ces plantes uniques.

8.1 Pépinières en ligne

De nombreuses pépinières en ligne se spécialisent dans les plantes d'intérieur rares et exotiques. Faites des recherches pour trouver des pépinières fiables et réputées qui proposent les espèces que vous recherchez. Lisez les avis des clients pour vous assurer qu'ils offrent des plantes de qualité et un bon service.

8.2 Marchés aux plantes

Les marchés aux plantes et les foires horticoles sont d'excellents endroits pour trouver des plantes d'intérieur rares et exotiques. Renseignez-vous sur les événements locaux ou régionaux où les collectionneurs et les pépiniéristes se réunissent pour vendre et échanger des plantes.

8.3 Groupes d'échange de plantes

Rejoignez des groupes d'échange de plantes locaux ou en ligne pour échanger des plantes, des boutures et des conseils avec d'autres passionnés de plantes d'intérieur rares et exotiques. Les réseaux sociaux et les forums en ligne sont d'excellentes ressources pour trouver des groupes d'échange et des communautés de passionnés de plantes.

9 Présentation et décoration :

Intégrer vos plantes d'intérieur rares et exotiques dans votre décoration intérieure peut ajouter une touche de beauté et de style à votre espace. Dans ce chapitre, nous explorerons quelques idées pour créer des arrangements visuellement attrayants avec vos plantes.

9.1 Intégration des plantes dans la décoration intérieure

Utilisez vos plantes d'intérieur rares et exotiques comme éléments de décoration dans votre maison. Placez-les sur des étagères, des tables, des rebords de fenêtre ou des supports pour plantes pour ajouter de la couleur, de la texture et de la vie à votre espace.

9.2 Création d'arrangements visuellement attrayants

Composez des arrangements de plantes en jouant avec la hauteur, la forme, la couleur et la texture. Vous pouvez regrouper des plantes similaires ensemble ou les associer à d'autres plantes d'intérieur pour créer un effet visuel intéressant.

9.3 Utilisation de contenants et de pots décoratifs

Choisissez des pots et des contenants décoratifs qui complètent le style de votre décoration intérieure et mettent en valeur la beauté de vos plantes. Vous pouvez également utiliser des cache-pots pour changer facilement l'apparence de vos plantes sans avoir à les rempoter.

En conclusion, cultiver des plantes d'intérieur rares et exotiques peut être une expérience gratifiante et passionnante. En suivant les conseils et les techniques décrits dans ce livre, vous serez bien préparé pour réussir dans la culture, l'entretien et la mise en valeur de ces plantes uniques. Non seulement ces plantes apporteront de la beauté et de l'intérêt à votre espace de vie, mais elles vous permettront également de développer vos compétences en jardinage intérieur et de rejoindre une communauté de passionnés qui partagent votre amour pour les plantes rares et exotiques.

En fin de compte, il est important de se rappeler que la patience et la persévérance sont essentielles lorsqu'il s'agit de cultiver des plantes d'intérieur rares et exotiques. Il peut y avoir des défis en cours de route, mais avec le temps, l'expérience et l'attention aux détails, vous pouvez vous attendre à une collection de plantes en pleine croissance et florissante.

Alors, plongez dans ce monde fascinant des plantes d'intérieur rares et exotiques, et laissez-vous inspirer par la diversité et la beauté de ces créations naturelles uniques. Que vous soyez un jardinier débutant ou un collectionneur chevronné, il y a toujours quelque chose de nouveau à découvrir et à apprendre dans le monde des plantes rares et exotiques. Bonne culture !

Printed in France by Amazon
Brétigny-sur-Orge, FR